인물로 보는 일본역사 제4권

도요토미 히데요시
일본 통일을 이루다

차례
Contents

머리말·'타자(他者)'로서의 일본역사 이해를 기대하며⋯ 3

제1장 신분의 벽을 넘어서 7

제2장 유력 다이묘 하시바 히데요시 29

제3장 '혼노지의 변'과 히데요시 정권의 성립 53

제4장 도요토미 히데요시 권력의 탄생 59

제5장 천하통일의 도정 81

제6장 조선 침략과 히데요시 정권 135

맺음말·독자 스스로의 역사관을 세워야 162

참고문헌 164

'타자(他者)'로서의 일본역사 이해를 기대하며…

한국과 일본의 관계. '멀고도 먼 일본, 가깝고도 먼 일본, 가까워야 할 일본.' 우리 뇌리에는 이 세 가지 일본이 존재한다. 이 세 가지 일본 인식은 상황에 따라 교차하면서 반일(反日)·지일(知日)·극일(克日)이라는 형태로 표출된다. 이러한 인식과 현상은 식민지 문제가 아직 완전히 해결되지 않은 현실을 감안하면 자연스럽기도 하지만 모순적이기도 하다.

그런데 일본에 대한 세 가지 인식과 그 표출형태는 양국 관계가 악화되었을 때 주로 증폭한다는 점이다. 즉 이러한 인식과 현상은 개인의 가치관에 입각한 것이 아니라, 불편한 현실에 대응하는 국가 단위의 그것이다. 그러한 의미에서 우리의 일본 인식·표출형태는 국가와 권력이 강요하여 형성된 것으로 '타자(他者)'로서의 일본 이해에 입각한 것이라 볼 수 없다. 일본 또한 마찬가지로 이러한 메커니즘을 이용하여 일본인의 한국에 대한 인식을 호도한다.

나는 1980년대 초반 『일본자본주의 발달사』(청아출판)라는 번역서를 낸 적이 있다. 그 「서문」에 도요토미 히데요시 (豊臣秀吉)의 이른바 '삼국분할계획', 명을 정벌한 후 인도까지 정벌하겠다는 내용을 소개하면서 '지일' '극일'이 단시일에 실현 불가능하다면 '반일'의 감정이라도 소중하게 간직하면서 감정적 '반일' 행동은 자제하고, 무단한 노력을 통해 '지일' '극일'의 논리를 창출해야 한다고 썼다. 이 시기 나의 대일 인식이 민족주의에 입각해 있었던 것은 분명하다.

그로부터 40여 년의 세월이 지난 현재, 나의 대일 인식은 민족주의에 입각해 있다고 할 수는 없다. 1990년대 이후 나는 '타자'로서 일본을 이해하고자 부단히 노력해왔다. 그러나 그것은 머리로서의 인식이며, 가슴에는 여전히 '민족주의'가 웅크리고 있다. 수많은 고뇌와 노력에도 머리와 가슴의 간극이 여전히 메워지지 않은 채로 혼돈스럽다. 아마도 앞으로도 이 간극을 메우기는 불가능할 것이다. 천재박학(淺才薄學)이 원망스럽다.

이 책은 16세기 전반 농민의 아들로 태어난 도요토미 히데요시가 어떻게 센고쿠(戰國) 시대의 난세를 극복하면서 일본을 통일하였는가, 히데요시는 왜 조선을 침략하였는가, 그리고 임진왜란의 역사적 의미는 무엇인가 등을 염두에 두면서 히데요시의 행적을 서술하였다. 이 주제들은 여간해서는 다루려 하지 않는 주제다. 히데요시의 일본 통일과정이야 다루려면 다룰 수 있지만, 일본 전체를 시야에 넣어 여러 상황과 지역 상호 간의 관계를 입체적이고 총체적으로 그리고 균형 있게 서술하기란 그리 녹록한 작업이 아니다.

그리고 임진왜란은 한·중·일 모두 단일 주제로는 최대의 연구업적을 나타내면서도 원인론(原因論)마저 정설이 없는 상황이다. 또한 전투사는 있어도 전쟁사가 없는 상황이다. 한편 임진왜란은 일본 근세 형성기에 발생한 전쟁임과 동시에 동아시아 변혁기에 발생한 것으로, 한·중·일 3국의 역사를 아울러야 한다. 이 주제야말로 웬만한 공력과 자신이 없으면 시도하기 어려운 것이다.

위에서 언급했듯이 나는 천재박학하고, 임진왜란 서술은 세심한 주의가 필요해 집필에 극심한 어려움이 따른다. 그럼에도 내가 이 책을 집필하고자 한 것은 현명한 독자들에게 '타자'로서 일본을 이해하는 데에 조금이라도 도움이 되고 싶어서이고, 이 시기의 일본 사정을 되도록 입체적이고 총체적으로 균형 있게 독자에게 전달하고 싶었기 때문이다.

그리고 임진왜란을 동아시아사의 관점에서 독자들에게 전달하고 싶었다. 즉 이 책에서 나는 '타자'로서의 일본에 대한 이해, 지면이 허락하는 한 많은 일본 사상을 담담하게 소개하고, 지역사의 관점에서 임진왜란을 '동아시아국제전쟁' (나는 1993년부터 이 용어를 써왔음)으로 표현하고 싶다.

특히 강화 교섭과정은 3국의 이해가 충돌하는 사안이었다. 명·일 사이의 교섭에서 조선이 배제되는, 이른바 '조선 패싱' 현상도 보인다. 또한 조선·명의 일본에 대한 전략과 이해의 차이로 말미암은 명의 전투에 대한 소극성도 볼 수 있을 것이다. 이것은 냉혹하고 엄중한 국제사회 속에서 근자에 회자되는 '코리아패싱'을 다시 생각해보는 계기가 되리라 생각한다.

다만 정보전달을 위해 나 자신의 논리와 의도는 최대한 자제하였다. 이것은 독자가 이 책을 읽으면서 최대한 상상력을 발휘해 독자 스스로 자신의 역사상을 구축할 수 있었으면 하는 바람이 있기 때문이다.

나는 독자들의 그러한 역사 이해가 틀에 갇힌 역사학을 상대화·탈학문화·탈역사화·탈권위화하여 역사학을 더욱 다양화할 수 있을 것이라 확신한다.

제1장 신분의 벽을 넘어서

도요토미 히데요시 탄생과 유년시절

1537년 2월 6일, 오와리(尾張) 아이치군(愛知郡) 나카무라고(中村郷)에서 한 아이가 태어났다. 그의 아버지는 기노시타 야에몬(木下弥右衛門)으로, 야에몬은 오다가(織田家)의 하급 전투원 아시가루(足輕) 혹은 고용되어 싸움에 종사하는 잡병이었다고 한다. 야에몬은 어느 싸움에서인가 다리에 부상을 입어, 고향으로 돌아와 하릴없이 세월을 보내고 있었다. 그러던 중 고키소무라(御器所村)에 사는 농부(미노美濃의 대장장이라고도 함)의 딸 나카(仲)와 결혼했다. 나카와 야에몬 사이에서 태어난 아이가 위 아이다. 그리고 둘 사이에는 위 아이가 태어나기 전인 1534년에 여자 아이 도모(智, 훗날 닛슈日秀)가 태어났다. 그리고 히데나가(秀長)와 아사히(朝日姬)도 태어났다(히데나가와 아사히는 지쿠아미竹阿弥의 아이들이라고도 한다).

야에몬은 아이의 이름을 히요시마루(日吉丸)라 지었다. 이 아이가 도요토미 히데요시(豊臣秀吉)다. 생계는 아비가 몸이 불편하여 주로 어미의 노동으로 유지했을 것으로 생각되나, 히요시마루는 야에몬이 사망하는 1543년 정월 2일까지는 가난하지만 그저 그런대로 살았을 것이다. 아비 야에몬이 사망하고 나서, 어미 나카는 네 아이의 어미로 도저히 생계를 유지할 수 없었을 것으로 보인다. 그리하여 나카는 지쿠아미와 재혼하였다. 지쿠아미도 오다 노부나가(織田信長)의 아버지인 오다 노부히데(織田信秀)에게 봉임하는 하급무사였다고 한다.

히데요시와 의붓아비 지쿠아미는 사이가 좋지 않아 지쿠아미는 히데요시를 많이 구박하였다고 한다. 일설에 따르면, 히데요시는 일곱 살이 되었을 때 아비 야에몬이 사망하자 여덟 살 때 출가하여 절 고묘지(光明寺)로 들어갔으나, 바로 도망 나왔다고 한다. 의붓아비 지쿠아미도 히데요시가 열세 살 되던 1550년 집을 나가 무사가 되기 위해 도토미(遠江)로 갔다 한다. 이렇게 보면, 어미 나카가 재혼하여 아이들을 돌

보고자 했으나 다섯 식구는 가난의 굴레를 벗어나지 못하고 어렵사리 생활하였던 것으로 보인다.

히데요시는 1552년 죽은 아비의 유산 일부를 받아 집을 나섰다. 히데요시는 바늘을 사서, 바늘장사를 하면서 세상을 떠돌았다. 히데요시가 왜 바늘장사를 택했는지는 알 수 없다. 히데요시가 집을 나선 것은 그의 나이 15세로 당시에는 독립할 나이였고 가난한 가정을 돕기 위해서는 장사라도 해야겠다는 절박한 마음이 있었으리라 추측된다. 바늘장사는 여의치 않았으나 히데요시는 세상을 떠돌면서 세상이 어떻게 돌아가는지, 어떻게 살아가야 하는지, 인간관계는 어떻게 해야 하는지, 그리고 당시의 정치·경제 정세가 어떻게 돌아가는지, 그리고 세상살이가 얼마나 어려운지 등을 경험하였으리라는 것은 충분히 짐작할 수 있다. 더욱이 좁아터진 고향의 시골 마을만이 세상의 전부가 아니라는 것도 실감했을 것이다.

언제인지는 불분명하나 히데요시는 자신의 이름을 기노시타 도키치로(木下藤吉郎)라 부르기 시작했다. 그러고는 도토미를 지배하는 이마가와씨(今川氏)의 직신(直臣) 이이오씨(飯尾氏)의 신하로 도토미 나가카미군(長上郡) 즈다지노쇼(頭陀寺莊)에 있는 히키마성(引馬城, 하마마쓰성浜松城) 지성(支城)의 성주 마쓰시타 유키쓰나(松下之綱) 밑으로 들어갔다. 즉

히데요시＝기노시타 도키치로는 이마가와가 가신의 가신이
되었던 것이다.

하급무사가 된 히데요시는 무사로서 나름 주목을 받았
을 것이지만 무슨 이유에서인지 곧바로 유키쓰나는 히데요
시를 약간의 돈을 주어 내보냈다고 한다. 일설에는 히데요
시가 돈을 훔쳐 달아났다고도 하고 동료들에게 질시를 받아
쫓겨났다고도 한다. 그러나 유키나가가 돈을 주어 내보낸 것
을 보면 동료들의 질시로 동료 사이가 원만하지 않아 내보
낸 것으로 보이며, 1583년 히데요시가 유키쓰나에게 단바(丹
波), 가와치(河内), 이세(伊勢)에 3,000석을 넘겨준 것으로 보
아 히데요시와 유키쓰나의 사이가 나쁘지 않았던 것 같다.

무사의 길, 오다 노부나가와의 만남

고향으로 돌아온 히데요시는 1554년경 오와리의 맹주인
오다 노부나가의 고모노(小者)가 되었다. 고모노란 주인집에
살면서 잡일을 담당하는 하급역직이다. 고모노 히데요시는
기요스성(清洲城)에서 여러 가지 작업 감독을 하거나 음식이
나 식사에 관한 어려운 일을 마다않고 열심히 해 성과를 올
리고 마침내 두각을 나타내기 시작했다. 히데요시가 노부나

가 신발을 담당하는 조리토리(草履取り) 역할을 맡았을 때, 가슴에 품어 따뜻하게 하여 내주었다는 일화는 유명하다. 어쨌든 히데요시는 고모노로서의 역할을 충실히 수행하여 노부나가의 마음을 샀다.

한편 도토미의 이마가와씨가 군사를 이끌고 상경하고자 하였는데 그러려면 노부나가의 영국(領國)을 통과해야 했다. 당시 이마가와씨는 스루가(駿河), 도토미와 마쓰다이라씨(松平氏)가 영유하던 미카와(三河)까지 지배하고 있었다. 이런 상황에서 1560년 5월 이마가와 요시모토(今川義元)가 2만(혹은 4만) 대군을 이끌고 오와리로 침공하였다. 이 싸움은 노부나가의 운명을 좌우하는 것이었고, 노부나가 군세 5,000명 정도로는 이마가와군을 당해내기 어려운 상황이었다. 이에 노부나가는 기습작전을 전개하여 오케하자마(桶狭間)에서 요시모토를 살해했다(오케하자마 싸움). 이 싸움으로 노부나가의 무명이 온 천하에 알려졌다. 이때 이마가와군 선봉을 맡고 있던 도쿠가와 이에야스(德川家康)는 미키와로 돌아가 노부나가와 동맹을 맺어 세력을 확장하고자 하였고, 노부나가는 이에야스와 동맹하여 이마가와·호조씨(北条氏)의 동진을 막고자 했다.

한편 재간을 나타내기는 하였으나, 신분 차이를 극복하지 못하고 있던 히데요시는 1561년 하급무사였던 아사노 나가카쓰(浅野長勝)의 양녀로 스기하라 사다토시(杉原定利)의 딸인 오네와 결혼했다. 오네의 어머니인 아사히(朝日)가 이 결혼을 반대했지만 오네는 어미의 반대를 뿌리치고 히데요시와 결혼했다고 한다. 아사노 나가카쓰와 히데요시는 하급 보병부대 부대장을 맡고 있었고 함께 뒷골목 연립주택 비슷한 누추한 나가야(長屋)에서 살고 있었던 인연으로 히데요시와 오네가 결혼하였다고 한다.

그러던 중 히데요시는 1564년 미노(美濃)의 사이토 다쓰오키(斎藤龍興)와 싸움에서, 마쓰쿠라성(松倉城) 성주 쓰보우치 도시사다(坪内利定)와 우누마성(鵜沼城) 성주 오사와 지로자에몬(大沢次郎左衛門) 회유공작에 성공하여 두각을 나타냈다. 이 시기 히데요시는 노부나가의 유력 부장으로 인정되었다고 할 수 있다. 이어 노부나가가 미노를 침공할 때 히데요시는 1566년 스노마타성(墨俣城)을 하룻저녁 만에 건설하였다고도 한다. 이것은 물론 과장된 이야기로 보이나 히데요시의 재간을 나타내는 일화로 유명하다.

이 시기 히데요시는 기소가와(木曽川) 연변에 세력을 유지하고 있던 하치스카 마사카쓰(蜂須賀正勝), 스노마타성 건설에 협력했던 마에노 나가야스(前野長康)를 부하로 맞아들였다. 이것도 1566년 당시 히데요시가 노부나가의 부장의 자리에 있었음을 보여주고 있다. 그리고 1567년 사이토씨(斎藤

氏) 멸망 후, 히데요시는 노부나가에게 마키무라 도시사다(牧村利貞), 마루모 가네토시(丸毛兼利)와 함께 다케나카 시게하루(竹中重治)를 수하(요리키与力)로 넣어줄 것을 청했다.

한편 1565년 5월, 쇼군 아시카가 요시테루(足利義輝)가 미요시 산닌슈(三好三人衆: 미요시 나가야스三好長逸·미요시 마사야스三好政康·이와나리 도모미치岩成友通)에게 살해되는 전대미문의 사건, '에이로쿠(永祿)의 변'이 발생했다. 요시테루의 동생 요시아키(義昭)가 나라(奈良)를 탈출하여 고카군(甲賀郡) 와다성(和田城)과 야스군(野洲郡) 야지마(矢島) 그리고 와카사(若狭)와 에치젠(越前)을 3년여 떠돌면서 다이묘(大名)들에게 상경을 요청하였으나 실패하고, 마침내 1567년 노부나가의 영지인 미노로 들어왔다. 요시아키가 노부나가를 찾은 것은 물론 상경을 의뢰하기 위한 것이었다.

또 한편 1567년 노부나가는 미노의 사이토씨를 멸망시켜 무명을 온 천하에 떨쳤다. 이에 오기마치 천황(正親町天皇)은 노부나가를 고금무쌍의 명장이라 칭찬하고, 오와리·미노지역의 황실령 회복과 사네히토신노(誠仁親王)의 원복비를 지원하라는 윤지를 내렸다. 또한 사이토씨를 멸망시킨 노부나가는 이 시기 천하통일을 꿈꾸며 '천하포무(天下布武)'의 인장을 사용하기 시작했다.

유력 군사 지휘관

마침내 노부나가는 요시아키를 대동한 상경을 결심하였다. 이에 앞서 미노를 공략하기 위해 1567년 가이(甲斐)의 다케다 신겐(武田信玄)과 동맹을 맺어 미노 북동쪽 지역의 위협을 제거하고, 1567년 9월경 북오미(北近江)에서 세력을 유지하고 있던 아자이 나가마사(浅井長政)와 결혼동맹을 맺었다.

그런데 노부나가가 교토로 진군하기 위해서는 남오미(南近江)에서 세력을 떨치며 간논지성(観音寺城)에 웅거하고 있는 롯카쿠 요시카타(六角義賢)의 영지를 경유해야 하나, 요시카타는 미요시 산닌슈와 내통하고 있었다. 노부나가와 요시카타와의 결전을 피할 수 없었다. 노부나가는 1568년 8월에 1만 9,000명(노부나가 1만 5,000명, 이에야스 1,000명, 나가마사 3,000명)을 지휘하여 교토로 향했다. 마침내 노부나가 군세와 요시카타 1만 명의 군세가 간논지성과 미즈쿠리성(箕作城)에서 맞닥뜨렸다.

이때 노부나가는 군사를 3대로 나누어 진군하였다. 히데요시는 노부나가가 지휘하는 제3대에 편성되어 병력 2,300명을 지휘했다. 히데요시는 미즈쿠리성을 야습하여 함락시켰다. 히데요시의 군사지휘 능력은 이로써 입증되었고, 노부나가의 히데요시에 대한 신임은 더욱 두터워졌다. 이 싸움의 승리로 노부나가는 상경할 수 있었고, 히데요시는 노부나가와 함께 상경하여 아케치 미쓰히데(明智光秀), 니와 나가히데(丹羽長秀) 등과 함께 교토에서 정무를 맡았다. 그리하여 히데요시는 미천한 신분을 극복하고 유수 가문 무사들과 어깨를 나란히 하게 되었다. 간논지성 싸움의 승리로, 야마토(大和)로 원정했던 미요시 산닌슈군은 궤멸하였고, 기나이(畿內) 지역에서 노부나가의 영향력이 강화되었다.

한편 상경한 요시아키는 1568년 10월 18일 쇼군(將軍)에 올랐다. 요시아키는 야마시로(山城)의 영지를 회복하여 슈고(守護)를 두지 않고 직접 지배했다. 그리고 막부 지배기구를 재정비하여 쇼군의 권력 강화에 힘썼다. 한편 노부나가 군사가 오와리·미노로 돌아가자, 미요시 산닌슈가 요시아키의 임시 거소인 혼코쿠지(本圀寺)를 공격해왔다(혼코쿠지의 변). 그러나 교토 주변에 있던 노부나가 측 세력들에 의해 미요시 산닌슈군은 축출되었다.

이러한 교토 상황을 고려하여 노부나가는 요시테루가 본거로 하고 있었던 니조성(二条城)을 정비하여 쇼군의 어소로 삼았다. 이리하여 노부나가는 교토에 쇼군-노부나가 연합의 무로마치 막부(室町幕府)를 부흥시켰다.

그런데 이 시기 규슈(九州) 지역에서는 1569년 5월 모리 모토나리(毛利元就)와 오토모씨(大友氏)가 다투고 있었다(다타라하마多々良浜의 싸움). 이 틈을 타 야마나카 유키모리(山中幸盛), 다치하라 히사쓰나(立原久綱) 등이 아마고 가쓰히사(尼子勝久)를 옹립하여 아마고씨(尼子氏)의 부흥을 시도하였다. 유키모리 등은 다지마슈고(但馬守護)인 야마나 스케토요(山名祐豊)의 지원을 받고 있었다. 이에 모토나리는 노부나가에게 다지마로 출병할 것을 요청하였다.

노부나가는 모토나리의 요청에 응해 1569년 8월 히데요시에게 군사 2만을 이끌고 다지마를 공격하도록 했다. 히데요시는 열흘 동안 열여덟 성을 함락시켰고 스케토요는 이즈미(和泉) 사카이(堺)로 도망하였다. 노부나가에게 다지마 공격은 미요시 세력과 야마나씨(山名氏)에 대한 교토 서북방 방어책의 일환이었다.

히데요시에게 이 다지마 공격은 한 지역의 군사령관으로서 단독으로 작전을 수행했다는 점에서 대단히 중요한 싸움이었다. 그리고 이즈음부터 히데요시군이 노부나가군단의 중요한 일각을 형성하게 되었다.

한편 쇼군의 권력을 강화하려는 요시아키와 요시아키를 통제하면서 천하패권을 장악하려는 노부나가 사이에 갈등이 증폭되었다. 이러한 상황 속에서 노부나가를 직접 위협할 수 있는 다이묘로 아사쿠라 요시카게(朝倉義景)가 존재했다. 당시 아사쿠라 요시카게는 에치젠(越前)을 중심으로 가가(加

賀)·와카사(若狹)에 세력을 확대하고 있었고 사실 에치젠은
미노와 교토를 향하고 있는 창과 같은 위치에 있었다. 그리
고 한때 대립하고 있던 잇코잇키(一向一揆)와 화해하여 안정
된 상태에 있었다. '잇코(一向)'란 일본 종교의 하나로 '정토
진종'을 가리킨다. 그리고 '잇키(一揆)'란 공동의 목적을 달성
하기 위해 계약·맹세로 이루어진 공동체와 그 공동체의 무
장 봉기를 말한다. 따라서 노부나가에게는 요시카게를 복속
하는 것이 절실히 필요했었다.

이에 노부나가는 요시카게가 반란을 일으키려는 의도가
있다는 명목으로 도쿠가와 이에야스와 함께 3만 병사를 이
끌고 에치젠의 아사쿠라씨를 공격을 하였다. 이에 대항하는
아사쿠라군의 가네가사키성(金ヶ崎城) 수비대는 4,500명이
었다. 노부나가-이에야스 연합군은 차례로 요시카게 지배
하의 성들을 함락시켰다. 그런데 동맹관계에 있던 아자이 나
가마사가 노부나가를 배반했다. 원래 아자이씨는 롯카쿠씨
(六角氏)에 대항하기 위해 아사쿠라씨와 동맹관계에 있었고,
노부나가는 1568년 상경을 위해 아자이씨와 동맹을 맺었었
다. 아자이씨는 롯카쿠씨가 간논지성 싸움에서 노부나가에
게 패하여 남쪽의 위험이 사라지자, 전통적인 외교노선을 선
택해 아사쿠라씨 지원을 결정하였던 것으로 보인다. 그리하
여 아사쿠라-아자이의 군세는 2만으로 불어났다.

노부나가는 이 소식을 접하고는 처음엔 거짓일 것이라 생각했으나 나가마사 배반이 확인되자 퇴각을 결심하였다. 노부나가-이에야스군은 에치젠과 북오미에서 협격당할 절체절명의 위기에 처할 가능성이 있었던 것이다. 이때 히데요시는 최후미 방어를 자청하였다고 한다. 이 설은 히데요시보다 지위가 높은 이케다 가쓰마사(池田勝正)와 아케치 미쓰히데 등이 있었던 것으로 보아 의심스러운 점이 있지만 어쨌든 노부나가는 히데요시를 가네가사키성에 주둔하게 했다. 그리고 나서 노부나가는 오미 호족 구쓰키 모토쓰나(朽木元綱)의 도움을 받아 겨우 10여 명의 호위군과 함께 쓰루가(敦賀)에서 4월 30일 교토로 돌아왔다. 노부나가, 이에야스군도 이케다 가쓰마사, 미쓰히데의 지휘하에 가네가사키성을 거쳐별 피해 없이 신속히 퇴각하여 무사히 귀환했다(가네가사키金ヶ崎 싸움). 이때 무사 귀환의 공으로 히데요시는 노부나가에게서 황금 수십 매를 받았다(가쓰마사, 미쓰히데에 대한 논공행상기록은 없다).

에치젠 공략의 실패로 아사쿠라씨는 전열을 가다듬고 아자이씨와 협력하여 공세 태도를 취했다. 그리고 이 싸움의 배후에는 반(反)노부나가 태도를 취하고 있는 장군 요시아키가 있었다. 1570년 5월 요시카게는 나가마사와 연락을 취하면서 아사쿠라 가게아키라(朝倉景鏡)를 총대장으로 한 대군을 남오미로 진격시키고 간논지성 싸움에서 패배하여 고카(甲賀)로 도망해 있던 롯카쿠 요시카타와 연락을 취해 노부나가를 협격하고자 했다.

이러한 심상치 않은 공세에 대응하기 위해 노부나가는 군세를 정비하고, 6월 4일 롯카쿠군과 싸워 승리하였다. 이로써 노부나가는 남쪽에서 협격당할 위험에서 벗어났다. 이것은 요시카게에게는 전략의 일각이 허물어진 것을 의미한다. 노부나가에 대항하는 아사쿠라-아자이군은 미노 주변의 다루이(垂井)·아카사카(赤坂)를 불태운 뒤, 성채를 구축하여 노부나가군의 공격에 대비하던 중 6월 15일 아사쿠라군은 에치젠으로 퇴각했다.

마침내 6월 21일 노부나가는 아자이씨에 대한 총공격을 감행했다. 그리하여 양군은 아네가와(姉川)에서 맞붙게 되었다. 당시 노부나가 군세는 1만 3,000~4만 명이었다고 하며, 이에 대항하는 아사쿠라-아자이의 군세도 1만 3,000~3만 명에 이르렀다고 한다. 21일 히데요시를 포함한 노부나가 측은 아자이씨의 거성인 오다니성(小谷城)을 불태우고, 24일 오다니성에서 6~7킬로미터 떨어진 요코야마성(横山城)을 포위하면서 28일 아네가와에서 양군이 대치하게 됐다. 이 싸움에서 노부나가가 승리하였지만 아사쿠라-아자이 연합군을 완전히 격멸하지는 못하고 요코야마성으로 후퇴했다. 노부나가는 히데요시에게 요코야마성 수비를 맡겼다. 이로써 히데요시는 이 시기 최전선 부대장으로 임명되었던 것이다(아네가와 싸움).

한편 요시아키와 적대했던 미요시 산닌슈와 이시야마 혼간지(石山本願寺)의 겐뇨(顯如)가 노부나가에 대항하여 봉기했다. 이로 말미암아 전세가 예측불허 상태에 빠졌다. 이를 계기로 아사쿠라-아자이군이 비와호(琵琶湖) 서안을 따라 남하했다. 게다가 엔랴쿠지(延曆寺)도 혼간지의 요청으로 반노부나가 측에 가담했다. 그리하여 아사쿠라-아자이-혼간지-엔랴쿠지의 반노부나가 군세가 3만에 이르렀다. 이 공세로 북오미를 방어하던 노부나가 측은 많은 피해를 입고(사카모토坂本 싸움) 반노부나가 측은 교토의 야마시나(山科)로 진출했다.

이 소식을 접한 노부나가는 오사카지역의 군대를 교토로 퇴각시켰다. 아사쿠라-아자이군도 히에잔(比叡山)으로 후퇴하였다. 이에 노부나가는 엔랴쿠지에 국외중립을 지키면 노부나가 지배지의 장원을 회복시키겠다고 했다. 다만 만약 히에잔이 아사쿠라-아자이 측에 가담한다면 히에잔을 완전히 불태우겠다고 통고하였다. 그러나 결국 히에잔은 아사쿠라-아자이 측에 가담하게 된다.

그리하여 아와(阿波)의 미요시씨(三好氏), 에치젠의 아사쿠라씨, 북오미의 아자이씨, 남오미·이세의 롯카쿠씨, 오사카의 혼간지, 이세의 잇코잇키, 교토 북부의 히에잔 세력이 노부나가 세력을 포위하는 형국이 되었다. 특히 아사쿠라, 아자이씨와 혼간지 군세는 노부나가의 본거지인 미노, 오와리와 교토를 분단시킬 우려가 있었다. 아사쿠라-아자이-엔랴쿠지 병력이 약 3만 명에 이르고, 혼간지와 잇코잇키의 결합에 따른 병력 동원은 그 끝을 알 수 없었다. 그리고 재지에 기반하고 있는 잇코잇키 세력은 공격력이 약할 수는 있으나 지리를 이용한 방어력은 남달랐다. 그리고 아와(阿波), 사누키(讃岐) 등 시코쿠(四国)에 기반을 둔 미요시씨 세력도 2만 병력을 동원하여 셋쓰(摂津)와 이즈미(和泉)로 파병할 정도의 세력을 유지하고 있었다.

이러한 상황에서 노부나가는 우선 히에잔을 포위하였다. 이때 히데요시는 니와 나가히데와 함께 비와호 동쪽 요코야마성에서 아자이군의 남하를 저지하고 있었다. 히데요시와 나가히데는 잇키 세력이 미노와 교토를 차단하는 것을 막기 위해 11월 상순 출병하였고, 11월 16일까지는 이들 세력을 물리쳐 미노와 교토의 교통을 회복하였다. 그러나 나가시마(長島) 잇키군의 공격을 받아 노부나가 동생 노부오키(信興)가 오와리의 고키에성(小木江城)에서 사망하는 등 전세는 악화일로에 있었다. 노부나가가 서오미의 물류를 장악하기 위해 가타타성(堅田城)을 공격했으나 실패하였다(가타타堅田 싸움). 즉 비와호 서안 지역에서 노부나가는 결코 유리한 상황이 아니었다. 한편 노부나가의 에치젠 공략으로 인해 노부나가 세력으로 들어왔던 와카사도 대부분 아사쿠라 세력의 지배하에 놓이게 되었다.

이러한 상황에서도 노부나가에게 가장 두려운 것은 이시야마 혼간지와 잇코잇키의 연합세력이었다. 특히 이시야마 혼간지의 지휘를 받는 나가시마 잇코잇키 세력과 이즈미로 출병한 미요시씨가 결합한 세력과의 싸움은 단기간에 끝날 성격의 싸움이 아니었다. 이에 노부나가는 11월 30일 장군 요시아키와 조정을 움직여 화해를 기도했다. 이 시기 아사쿠라 요시카게도 대설로 말미암아 에치젠과 연락이 두절될 염려가 있어서, 싸움을 지속하기에는 불안하였다. 이러한 사정으로 조정과 요시아키의 중재로 12월 13일 노부나가와 요시카게 사이에 화해가 성립되었다.

이로써 반노부나가 세력의 노부나가 포위망의 일각이 붕괴되었다. 북오미 정세가 일단 안정되자, 노부나가는 1571년 2월 아자이씨 지배하에 있던 사와야마성(佐和山城)을 공격하여 함락시켰다. 노부나가는 이 사와야마성에 니와 나가히데를 들여보내 북오미와 와카사의 지배 거점으로 삼았다. 그리고 5월 5만 병력을 이끌고 잇코잇키의 세력 거점인 이세(伊

勢)의 나가시마로 출병하였으나 복병을 만나 크나큰 피해를 입었다.

그리고 1571년 9월 노부나가의 경고를 무시하고 아사쿠라, 아자이 측에 가담했던 히에잔을 공격하였다. 히에잔은 호쿠리쿠(北陸)와 도고쿠(東国)를 연결하는 교차점으로 산에는 많은 사찰이 있어서 많은 병사를 주둔시킬 수 있는 전략적 요충지였다.

노부나가는 3만의 병력으로 11일 밤 히에잔 동쪽 기슭을 야습하고 12일 총공격하여 엔랴쿠지를 모두 불태웠다. 그리고 엔랴쿠지에 있던 어린이·부녀자까지 모두 살해했다.『노부나가코키(信長公記)』에는 이때 수천 명, 루이스 프로이스(Luis Frois)의「서간」에는 약 1,500명,『가네미쿄키(兼見卿記)』에는 3,000~4,000명이 살해되었다고 기록하고 있다.

이러한 상황 속에서 요시아키는 노부나가의 영향력을 약화시키기 위해 아사쿠라씨, 아자이씨, 미요시씨, 이시야마 혼간지, 엔랴쿠지, 롯카쿠씨, 가이의 다케다씨를 결속하려 했다. 다케다 신겐이 이마가와씨가 지배하던 스루가를 합병하자, 미카와의 도쿠가와 이에야스, 사가미(相模)의 호조씨 그리고 에치고(越後)의 우에스기씨(上杉氏)가 신겐과 적대하고 있었으나, 1571년 말 호조씨와 신겐이 동맹을 회복하였다. 그리고 신겐은 노부나가와 동맹을 맺고 있는 이에야스를 공격하였다. 신겐의 이에야스 공격은 노부나가와 신겐의 우호관계를 어그러지게 할 수밖에 없었다. 게다가 1572년 노부나가와 화해한 이시야마 혼간지가 미요시 요시쓰구와 마쓰나가 히사히데(松永久秀)와 공모하여 노부나가에게 반기를 들었다. 북오미에서는 아사쿠라·아자이 측과 대치하고 있었으나 아사쿠라 측 세력들이 노부나가에 항복하여 대세는 노부나가 측에 유리하게 전개되었다.

결국 신겐과 노부나가, 이에야스는 미카타가하라(三方ヶ

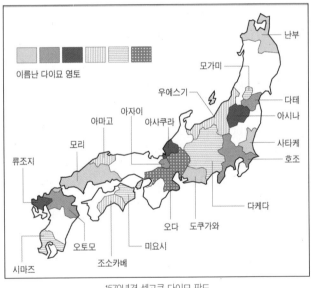

1570년경 센고쿠 다이묘 판도

原)에서 맞붙었다. 이 싸움에서 노부나가-이에야스군이 대패하였다. 특히 이에에야스군은 2,000명에 이르는 사상자와 유력 가신들을 잃어 피해가 컸다.

한편 이 시기 아자이 나가마사를 지원하면서 반노부나가 세력 중 가장 강력한 군사력을 보유했던 아사쿠라 요시카게가 1572년 12월 3일 부하들의 피로와 적설을 이유로 에치젠으로 군사를 철수시켰다. 이에 대해 신겐은 요시카게에게 서간을 보내 따져 물으면서 군사를 북오미로 파견할 것을 요청하였으나 요시카게는 꿈적도 하지 않았다.

이리하여 북오미 지역에서 반노부나가 세력의 포위망 일각이 무너졌다. 게다가 하마나호(浜名湖) 북안에서 해를 넘긴 신겐은 다시 미카와로 진군하여 1573년 2월 노다성(野田城)을 함락시켰다. 그러나 이즈음 신겐의 건강이 악화하여 신겐군은 나가시노성(長篠城)으로 후퇴했다. 신겐은 4월 군사를 가이로 퇴각시키기 시작하였고, 4월 12일 퇴각 도중 53세의 나이로 사망하였다.

아사쿠라 요시카게의 철군과 신겐의 사망은 반노부나가 세력의 실질적 군사력의 소멸을 의미한다. 이것은 당연히 반노부나가 세력에 대한 노부나가의 공세로 나타났다. 장군 요시아키의 입장은 아주 곤란해졌다. 요시아키는 교토에 남아 노부나가의 괴뢰로 살아가든지 아니면 노부나가를 떠나 무로마치 막부를 재흥하든지 선택의 기로에 서게 되었다. 센고쿠 시대의 난세를 헤쳐나와 쇼군에 오른 요시아키는 반노부나가의 길을 택했다.

이에 7월 노부나가는 요시아키의 거성 니조성을 공격하여 격파하였고, 요시아키는 마키시마성(槙島城)으로 도망하였다. 이어 노부나가는 마키시마성을 공격하여 격파하였고 요시아키는 교토에서 추방되었다. 이로써 무로마치 막부는 멸망하고, 노부나가는 7월 28일 겐키(元龜)에서 덴쇼(天正)로 연호를 바꾸어 노부나가가 천하를 지배한다는 것을 알렸다.

위와 같은 상황 속에서 노부나가는 반노부나가 세력에 대한 공세를 이어갔다. 노부나가는 1573년 요도성(淀城)에서 농성하고 있는 미요시 산닌슈의 한 사람인 이와나리 도모미치(岩成友通)를 토벌하였다. 그리고 노부나가는 3만 군사를 이끌고 북오미로 출진하였다. 이에 대항하여 나가마사는 5,000여의 군세로 오다니성에서 농성하고 요시카게도 2만 대군을 원군으로 파견하였다. 결국 노부나가는 8월 17일 대군을 이끌고 요시카게의 거성 이치조다니(一乘谷)로 진군하여, 당시 인구 1만을 자랑하던 이치조다니를 불사르고 함락시켰다. 이후 27일 히데요시의 오다니성 공격으로 인해 9월 1일 마침내 오다니성은 함락되었다. 그리하여 센고쿠 다이묘 아사쿠라씨와 아자이씨는 멸망하였다.

한편 히데요시는 위 싸움의 공로를 인정받아 북오미의 3군을 받았다. 히데요시는 이마하마(今浜)를 나가하마(長浜城)로 개명하고, 나가하마성 성주가 되었다. 아자이씨와 아사쿠라씨가 멸망하기는 했지만 나가하마는 비와호 서안을 따라 교토로 들어오는 진군로 초입에 위치하는 군사전략상 대단히 중요한 지역이었다. 이런 곳에 노부나가가 히데요시를 위치시켰다는 것은 노부나가가 히데요시의 군사 지휘 역량을 높이 평가하고 있었다는 반증이다.

또한 히데요시가 나가하마 성주가 된 것은 그에게도 대단히 중요한 사건이었다. 그가 요코야마 성주로 활동한 시기가 있었으나 이것은 어디까지나 군사작전 수행을 위한 임시적인 것으로 영지가 제공된 것은 아니었다. 그리고 히데요시가 여러 싸움에서 전공을 인정받았으나 영지를 받은 것은 이번이 처음이었다.

이로써 히데요시는 일정 규모의 영지를 직접 지배하면서 자신의 세력 기반을 구축할 수 있게 되었다. 히데요시는 위 지역의 연공과 여러 가지 세금을 감면하여 농민들의 생활을 안정시키고 자신의 영내 혹은 인근 지역의 옛 아자이 가신단과 이시다 미쓰나리(石田三成) 등 유능한 인재를 적극 기용하였다.

이즈음 히데요시는 자신의 성(姓)을 기노시타에서 하시바

(羽柴)로 고쳤다. 히데요시가 자신의 성을 하시바로 한 이유는 오다가 유력 무장 니와 나가히데와 시바타 가쓰이에(柴田勝家)에서 한 자씩 뽑아 '하시바'로 했다고 전해지나, 사료상 근거는 없다. 히데요시가 위와 같은 생각으로 개성(改姓)하였다면, 그것은 자신이 니와씨·시바타씨에 비견하는 위치에 서고 싶다는 바람을 표현하고 있다고 보아도 좋을 듯싶다.

제2장 유력 다이묘 하시바 히데요시

오다 노부나가의 세력 확대와 히데요시

아사쿠라, 아자이씨를 멸망시킨 노부나가는 1573년 9월 24일 오와리-미노-이세 군사를 중심으로 3만 군사를 이끌고 다시 이세의 나가시마로 향했다. 이때 히데요시도 출전했다. 노부나가는 9월 말 10월에 걸쳐 잇키를 평정하였고, 10월 8일 나가시마의 잇코잇키 측 성주들은 노부나가에 인질을 보내 공순을 표했다. 하지만 잇코잇키 측 3,000명이 다카야마(高山)에서 매복하고 있다가 퇴각하는 노부나가군을 기습 공격하였다. 때마침 날씨가 좋지 않아 화승총을 사용할 수 없어 백병전이 벌어졌고 이때 잇코잇키군의 공격으로 노부나가 측은 많은 피해를 입고 간신히 퇴각하였다.

한편 11월 가와치 와카에성(若江城) 성주인 미요시 요시쓰구가 요시아키와 공모하여 반란을 일으키자 노부나가는 요시쓰구를 격파하였다. 이로써 미요시씨 본가는 멸망하였고, 미요시 야스나가도 노부나가에게 항복하여 가와치가 노부나가의 지배하에 들어왔다. 그리고 사쿠마 노부모리(佐久間信盛)군에 포위된 야마토의 다몬야마성(多聞山城)의 마쓰나가 히사히데(松永久秀)도 12월 26일 노부나가에게 항복하여 노부나가의 야마토 지배는 더욱 강화되었다.

이후 1574년 노부나가는 나가시마 잇코슈(一向衆) 문도들이 지배하던 자치령을 무너뜨렸으며 그 여세를 몰아 미요시 야스나가·겐뇨 연합군을 격렬히 공격하여 이이모리야마성(飯森山城)을 함락시키고 다카야성(高屋城)의 성하 마을을 불태웠다. 그리하여 노부나가는 이시야마 혼간지 포위망을 무너뜨렸다.

1575년 4월 19일 노부나가는 다카야성과 이시야마 혼간지의 중간에 위치하면서 두 성을 지원하는 니이보리성(新堀城)을 공격하여 함락시켰다. 이로써 이시야마 혼간지는 세력 기반의 주요 거점을 상실하게 되었다. 노부나가는 니이보리성을 함락하자 "이미 혼간지 함락은 시간문제다"라는 말을

했다고 한다.

이에 마침내 노부나가는 다케다씨 공격을 감행했다. 5월 18일 이에야스-노부나가 연합군 3만 8,000명이 나가시노성 앞 시타라가하라(設楽原)에 포진하였다. 결국 5월 20일 이에 야스-노부나가 연합군은 도비가스야마(鳶ヶ巣山) 싸움에서 승리하여 나가시노성 구원에 성공하고, 5월 21일 노부나가 는 시타라가하라에서 1,000여 정의 화승총을 사용하여 대승 리를 거두었다. 위 두 싸움에서 다케다 측은 1만 명 이상이 희생되었다고 한다(나가시노 싸움). 다케다 가쓰요리(武田勝頼) 는 수백 명의 호위군과 함께 시나노(信濃) 다카토성(高遠城) 으로 도망하였고, 우에스기 겐신(上杉謙信)을 견제하기 위해 가이즈성(海津城)에 배치되어 1만 군사를 이끌던 고사카 마 사노부(高坂昌信, 가스가 도라쓰나春日虎綱)와 함께 가이로 돌아 갔다. 한편 히데요시도 이 나가시노 싸움에 참전하였으나 이 싸움의 주역은 이에야스와 그 부장들이었다. 즉 노부나가군 은 이에야스군의 후원을 주로 담당하였기 때문에, 히데요시 를 포함한 노부나가 부장들의 눈에 띄는 활약은 보이지 않 았다.

노부나가는 나가시노 싸움이 끝난 직후인 1575년 8월 에 치젠 공략에 나섰다. 에치젠의 잇키는 내분으로 말미암아 노 부나가군을 막지 못했고 노부나가군은 시모쓰마 라이쇼(下

間頼照)와 아사쿠라 가게타케(朝倉景健) 등을 필두로 한 1만 2,250명의 에치젠, 가가 문도 들을 토벌했다. 그리하여 에치젠은 다시 노부나가 지배하에 놓이게 되었다. 노부나가는 시바타 가쓰이에에게 에치젠 8군과 기타노쇼성(北の庄城)의 지배를 맡겼다.

한편 서일본에서 모리씨(毛利氏)는 적대세력인 아마고씨(尼子氏)와 오토모씨(大友氏) 등과 싸워 승리하였고 옛 주인 오우치씨(大内氏)도 물리쳐 규슈와 주고쿠(中国)지역을 지배하는 대세력을 형성하고 있었다. 마침 1576년 2월 요시아키가 아키(安芸)의 도모노우라(鞆の浦)로 왔다. 이러한 상황 속에서 모리 데루모토(毛利輝元)도 천하지배를 꿈꾸면서 상경하고자 했다. 그리하여 모리씨는 반노부나가 세력의 핵심인 혼간지에 협조하게 되었다.

1576년 정월에는 노부나가 측에 가담해 있던 단바의 하타노 히데하루(波多野秀治)가 노부나가에게 반기를 들고 혼간지가 다시 거병하는 등 반노부나가 세력의 준동이 심상치 않았다. 이에 노부나가는 4월, 3만 군세를 오사카로 파견하여 혼간지 세력에 대응하였다.

그리하여 북쪽의 우에스기씨와 단바의 하타노 히데하루, 서쪽의 모리씨, 남쪽의 혼간지와 기이(紀伊)의 사이카슈(雑賀衆) 등으로 구성된 반노부나가 세력의 집결과 이들에 의한 노부나가의 포위망이 다시 형성되었다. 그러나 그나마 다행인 것은 다케다씨의 영향력이 약화되었고 우에스기씨와 호조씨의 관계가 우호적이지 않았다는 점이다. 또한 호조씨가 간토(関東)에서 세력 확대에 집중하고 있어서 이에야스를 압박할 수 없었다는 점이었다. 그리고 시코쿠 지역에서 조소카베씨(長宗我部氏)가 세력을 확대하고 있어서 약간이나마 모리씨를 배후에서 견제할 수 있었던 점도 노부나가에게는 다행이었다.

반노부나가 세력에 대항하는 노부나가의 전략은 우선 혼간지를 지근거리에서 지탱하는 사이카슈와 잇고잇키 세력을 멸하고 이어 도쿠가와씨를 통해 다케다씨를 견제하면서 에치고의 겐신을 공격한 다음, 조소카베씨를 통해 모리씨를 견제하면서 모리씨를 공략하게 하여 혼간지를 고립시켜 항복을 받는 것이었다. 그러나 후술하듯이 노부나가 전략에 약간의 차질이 생긴다.

당시 노부나가는 사방의 적들에 대항하기 위해 시바타 가쓰이에에게 호쿠리쿠 방면에서 벌이는 군사작전, 즉 우에스기 겐신의 상경을 방어하는 임무를 맡겼다. 그리고 히데요시에게 가쓰이에를 지원하도록 하였다.

반노부나가 세력에 대한 노부나가의 공세는 1577년 2월 혼간지를 지근에서 지탱하고 있는 사이카슈 공격이었다. 노부나가는 1576년 5월부터 1577년 2월까지 사이카슈에 공작하여 사이카 5조직 중 3조직을 이반하게 했다. 노부나가는 1577년 2월 나머지 2조직을 공략하기 위해 가능한 모든 군사를 동원하였다. 그리하여 노부나가 군세는 총 10만에 이르렀다. 노부나가는 군사를 둘로 나누어 각각 3만 군사로 하여금 내륙로와 해변로로 진격하게 했다. 히데요시는 내륙로 진격의 일원으로 이 싸움에 참가했다.

이에 대항하는 사이카슈는 2,000명 이상이라고는 하나 압도적 군사력 앞에 풍전등화와 같았다. 사이카슈는 노부나가 군사에 게릴라전을 하면서 용감히 대항하였으나 중과부적으로 3월 노부나가에 항복하였다. 그러나 노부나가군이 철수하자 노부나가 측에 가담했던 3조직을 공격하였다. 이에 노부나가는 사쿠마 노부모리 부자를 대장으로 7만~8만명의 군사를 동원하여 다시 사이카슈를 공격하였으나 사이카슈를 완전히 제압하지는 못했다.

한편 우에스기 겐신과 대치하고 있던 시바타 가쓰이에는 1576년에 노부나가의 명으로 90년간 잇키 세력이 지배하던 가가를 평정하였다. 상경을 지향하는 겐신도 1576년 9월 잇코잇키가 지배하던 엣추(越中)의 성들을 함락시켜 엣추를 평정하였다. 이어 겐신은 노토(能登)로 진격하여 성들을 함락시키고 나나오성(七尾城)을 포위하였다.

나나오성을 지키는 조 쓰라타쓰(長連龍)는 아즈치성(安土城)에 있는 노부나가에게 원군을 요청했다. 그리하여 노부나가는 1577년 8월 8일 시바타 가쓰이에를 총대장으로 하는 원군을 노토로 파견하였다. 이때 노부나가 진용은 하시바 히데요시, 다키가와 이치마스(滝川一益), 니와 나가히데, 마에다 도시이에(前田利家), 삿사 나리마사(佐々成政) 등 4만이었다 (3만이라고도 함). 이들은 8월 에치젠의 기타노쇼성에서 결집하여 나나오성을 향해 출발하여 가가의 잇키와 교전하면서 진군하였다. 그런데 히데요시와 가쓰이에가 작전을 둘러싼 의견 충돌로 인해 히데요시가 전선을 이탈하여 철군하는 사태가 발생했다. 이때 히데요시의 전선 이탈은 노부나가에게 보고되지 않은 채 행해졌기 때문에 노부나가는 히데요시를 호되게 문책했다고 한다. 그런데 노부나가 원군이 도착하기 전인 9월 15일 조 쓰구쓰라(長続連)가 나나오성의 실권을 잡고 있는 것에 불만을 품은 유사 쓰구미쓰(遊佐続光)와 누쿠이 가게타카(温井景隆) 등이 겐신 측에 내응하여 모반을 일으켜 나나오성은 겐신 측으로 들어가게 되었다. 그리하여 가가-노토 지역에 대한 겐신의 영향력이 증대되었다.

한편 노부나가군의 진군을 알게 된 겐신은 곧바로 나나오성으로 출격하여 9월 23일 밤 후퇴하는 시바타군을 추격하여 1,000여 명을 살상하였다. 그리고 불어난 데도리가와(手

取川)를 도하하던 중, 시바타군 다수가 익사하여 대패를 맛보아야만 했다(데도리가와 싸움). 이어 겐신은 마루오카성(丸岡城), 마쓰나미성(松波城)을 함락시켜 노토를 거의 평정했다. 이어 겐신은 11월 가가 남부로 침입하여 가가 남부를 손에 넣었다. 이렇게 노토 처리를 마친 후 겐신은 12월 18일 가스가야마성(春日山城)으로 귀환하였고 12월 23일에는 다음 원정을 위해 대동원령을 발령했다. 그러나 겐신은 출정 예정일 6일을 남긴 1578년 3월 9일 자리에 눕게 되었고 13일 향년 49세로 갑자기 세상을 떴다. 아마도 뇌출혈이었던 듯싶다.

한편 나나오성에서 겐신 공략이 막혔다는 소식을 접한 노부나가는 1577년 10월 3일 겐신이 더 이상 진군하지 못할 것이라 판단하고 가가로 출진해 있던 오다 노부타다(織田信忠), 사쿠마 노부모리, 하시바 히데요시, 니와 나가히데 등의 병력을 나라 부근의 시기성(信貴城)을 공략하기 위해 보냈다. 이때의 총병력은 약 4만이었다고 한다. 노부나가가 가가와 사이카슈를 완전히 제압하지 못했던 것은 이러한 상황 변화로 말미암은 것이었다. 어쨌든 10월 5일 노부나가의 4만 군사가 시기성을 총공격하여 10일에는 쓰쓰이 준케이(筒井順慶)의 활약으로 시기산성을 함락시켰고 마쓰나가 히사히데(松永久秀), 히사미치(久通) 등은 자살하였다.

히사히데가 사망한 10월, 때마침 노부나가에 저항하던 단바 가메야마성(龜山城)의 나이토 사다마사(內藤貞正)가 병사했다. 이를 호기로 본 노부나가는 단바 지역 성들을 공략하였고 이로써 노부나가는 단바를 장악하였다.

한편 겐신이 사망하자 노부나가는 1578년 9월 오다 노부타다의 중신인 사이토 도시하루(齋藤利治)를 총대장으로 삼아 히다(飛驒)에서 엣추로 군사를 진격시켰다. 도시하루는 엣추 남부에서 북진하여 이마이즈미성(今泉城)을 공격하여 쓰키오카노(月岡野)에서 3,000명 이상을 체포하는 대승을 거두었다. 그리하여 엣추도 노부나가 영향력 하에 들어왔다. 이리하여 반노부나가 세력이 형성했던 가장 강력한 노부나가의 북방 포위망이 무너졌다.

주고쿠 공략

한편 노부나가는 노부나가 포위망의 일각을 이루는 모리씨를 공략하기 위해 1577년 7월 무단으로 전선을 이탈하여 근신 처분을 받고 있던 히데요시에게 주고쿠 지역 공략을 명했다. 히데요시는 1577년 10월 23일 하리마(播磨)로 진출하여 하리마 재지영주들에게서 인질을 취하고, 하리마슈고 아카마쓰씨(赤松氏)의 세력 아래 있던 세력들도 복속시켰다.

그리고 이전부터 교류하던 구로다 요시타카(黑田孝高)에게서 하리마 남부에 위치하는 히메지성(姬路城)을 기증받아 주고쿠 평정의 거점으로 삼았다.

이어 히데요시는 고즈키성(上月城)을 공격하였다. 고즈키성은 하리마, 미마사카(美作), 비젠(備前)의 경계에 위치한 견고한 성으로 아카마스 마사노리(赤松政則) 및 우키타 나오이에(宇喜多直家)가 하리마 방면의 군사거점으로 삼고 있던 모리 세력권의 동쪽 최전선이었다. 따라서 노부나가 측에게도 고즈키성은 공략해야만 하는 중요 군사거점이었다. 히데요시는 이 고즈키성을 함락시킨 후 모리씨에게 대항하여 아마고씨 부흥을 도모하는 야마나카 유키모리(山中幸盛)에게 고즈키성 방어를 맡겼다. 고즈키성은 모리 측에게도 히데요시에게도 중요한 군사거점이었기 때문에 우키타 나오이에가 유키모리에 반격을 가해 고즈키성을 회복하기도 하였다. 그러나 히데요시가 반격을 가해 곧바로 고즈키성을 다시 탈환하였다.

그 후 히데요시는 동하리마 8군을 지배하고 있던 벳쇼 나가하루(別所長治)와 동하리마에서 세력을 유지하는 고데라 마사모토(小寺政職)를 회유하기 위해 애썼다. 당시 하리마는 서쪽으로는 모리씨와 그 막하에 있는 우키타 나오이에가 점유하고 있었고 동으로는 기나이를 제패한 오다 노부나가가 세력을 뻗치고 있었다. 벳쇼씨와 고데라씨가 비록 노부나가에게 복속을 표하고는 있었다. 그러나 그들을 포함한 하리마 재지 세력들은 모리씨와 오다씨를 저울질하면서 양자와 우호관계를 맺고 있었다.

그런데 히데요시가 하리마로 들어오자 1578년 2월(3월?) 벳쇼 나가하루가 갑자기 모리 측으로 이반했다. 이러한 벳쇼의 이반에 자극을 받았는지 많은 동하리마의 재지영주도 노부나가를 이반하였다. 나가하루의 노부나가 이반 이유로는 벳쇼씨와 히데요시의 회담 실패설, 히데요시의 고즈키성 공격 시 히데요시의 무자비한 학살에 대한 반감설 등이 있다.

이때 동하리마 일대에 있었던 반노부나가 세력 7,500여 명이 미키성(三木城)으로 몰려 들어갔다. 때문에 미키성은 많은 병량이 필요하여 세토내해(瀬戸内海)의 제해권을 장악하고 있는 모리씨와 아가성(英賀城)의 미키 미치아키(三木通秋) 등으로부터 해상을 통해 공급받아 이를 가코가와(加古川)와 산길을 통해 미키성으로 운반해야만 했다.

이런 사정을 감안해 히데요시는 병참로인 지성들을 공략하는 전략을 세웠다. 1578년 3월 29일 히데요시는 미키성에 대한 포위를 개시하고, 노구치성(野口城)을 함락시켰다. 그런데 이즈음 모리씨의 3만 원군이 4월 18일 고즈키성을 포위하였다(고즈키성 싸움). 이에 히데요시는 고즈키성의 전략적 위치를 감안하여 동하리마 지역에서의 싸움을 멈추고 4월 하순 고즈키성 동측 다카쿠라야마(高倉山)에 포진했다.

그러나 병력수가 적어 모리군에 맞서 싸우지 못하였고, 노부나가가 미키성 공격을 중시하라고 명하였기 때문에 고즈키성 방면의 싸움은 교착상태에 빠졌다. 게다가 6월 21일 히데요시군은 다카쿠라야마 싸움에서 패하여 6월 26일 진을 풀고 쇼샤잔(書写山)까지 후퇴해야만 했다. 그 결과 고즈키성은 고립무원 상태가 되었다. 더욱이 고즈키성은 병량도 바닥나고 성을 떠나는 자들도 많았다. 이러한 상황을 견디지 못한 유키모리 등 아마고 재흥군은 7월 5일 모리군에게 항복하였다. 이로써 유키모리를 중심으로 한 아마고씨 부흥운동도 실패로 끝났다.

한편 5월 노부나가는 장남 오다 노부타다를 대장으로 한 2만 병사를 고즈키성 구원을 위해 파견했다. 구원군은 미키성의 지성들을 포위하는 것이 주목적이었다. 그러나 이 원군에도 불구하고 상황은 좋지 않았다. 모리씨의 고즈키성 공략 목적이 고즈키성의 탈환뿐이었는지 보급로가 길어지는 것을 피하려 했던 것인지는 알 수 없다. 그러나 모리씨는 더 이상 동진하지 않았다. 이를 계기로 오다군은 동하리마에서 작전을 재개하였다. 니와-노부타다군은 6월부터 10월에 걸쳐 이 지역에 있는 간키성(神吉城)·시카타성(志方城)·우오즈미성(魚住城)·하시타니성(端谷城)·다카사고성(高砂城) 등을 공략했다. 이어 노부나가군은 미키성에서 북동쪽으로 약 2킬로미터 떨어진 히라이야마(平井山)에 본진을 두고 그 주변에 부성들을 구축했다. 이로 말미암아 벳쇼씨에 대한 모리씨의 병량 보급이 곤란해지는 상황에 이르렀다.

이 같은 상황을 타파하기 위해 9월 10일 모리씨와 벳쇼씨가 출병하여 병량을 미키성으로 들여보내는 작전을 폈다(히라타합전). 모리씨 보급부대가 미키성 서측 히라타(平田) 진지를 공략하였고 벳쇼씨 측 요시치카(吉親)가 이끄는 3,000명이 미키성 밖 오무라(大村) 부근으로 출병하였다. 이 싸움은 혼전이었으나 벳쇼 측 다수 무장들이 사망하여 참패했다. 이로 말미암아 미키성에 병량을 반입하려 한 작전은 실패로 끝났다.

그런데 10월 비젠과 빗추(備中), 미마사카의 일부를 지배하면서 모리씨에 협력하던 우키타 나오이에가 모리씨를 이반하여 모리씨 본거지인 아키와 하리마·셋쓰 사이가 분단되었다. 이로 말미암아 모리씨의 벳쇼씨 지원도 불가능한 상태에 빠졌다. 이에 히데요시는 벳쇼씨에게 항복을 권유하였으나 벳쇼씨는 거절하였다.

이와 같이 주고쿠 지역 평정이 한참이던 1578년 10월 오다군 유력무장 아라키 무라시게(荒木村重)가 이반했다. 아라키 무라시게의 모반은 오다 노부나가에게는 큰 충격이었다. 무라시게 영지 셋쓰가 미키성에서 롯코(六甲) 산지를 끼고 남쪽에 있어서 셋쓰 지역 항구를 통해 벳쇼씨가 모리씨의 원조 병량을 받아 하나쿠마성(花隈城)에서 니부야마(丹生山)를 넘어 미키성으로 병량을 운송할 수 있는 새로운 보급로가 뚫리는 상황이 되었던 것이다.

이러한 위기를 맞은 노부나가는 조정을 움직여 혼간지와 화해하고자 했다. 조정은 노부나가의 요청에 따라 혼간지에 칙사를 파견하였으나, 혼간지는 모리씨가 노부나가와 혼간지의 화해에 찬성한다면 노부나가와 화해하겠다고 답변했다. 이것은 혼간지가 화해를 사실상 거부한 것이나 마찬가지였다. 그럼에도 노부나가는 다시 모리씨에게 화해를 요청하는 사자를 파견하였다. 그러나 1578년 11월 6일 제2차 기즈가와구치(木津川口) 싸움에서 노부나가가 모리씨에게 승리하자, 노부나가는 모리씨·혼간지와의 화해 교섭을 중단하고 무라시게에 대한 공략에 힘쓰게 된다.

노부나가는 11월 9일 야마시로와 셋쓰 경계에 있는 야마자키(山崎)로 5만 병력을 이끌고 출진하였고 10일 노부나가 측은 이바라키성(茨木城)을 공격하면서 아라키군에 대해 공격을 감행했다. 그러던 중 무라시게 수하들이 노부나가 측으로 돌아섰다. 이로 말미암아 무라시게는 고립되었다. 게다가 1만~1만 5,000명이었던 무라시게군 병사들이 도망하여 5,000명 정도로 줄었다. 결국 11월 14일 히데요시를 포함한 노부나가 측이 무라시게군의 선봉을 격파하고 승리하였다.

그 후에도 노부나가군은 아리오카성(有岡城)을 둘러싼 공격을 늦추지 않았다. 아리오카성 싸움은 12월 8일부터 본격화하였으나 12월 8일의 싸움에서는 노부나가 측이 패배하는 등 무라시게군의 저항은 맹렬하였다. 무라시게의 반란은 1579년 10월까지 지속되었지만 노부나가의 이시야마 혼간지의 공략에는 큰 영향을 미치지는 못했다.

한편, 1578년 7월 구키 요시타카(九鬼嘉隆)는 완성된 '철갑선' 6척과 다키가와 이치마스의 대선 1척으로 오사카만을 봉쇄했다. 이에 대항하여 모리 수군 600여 척이 구키의 함선을 공격하였다. 그러나, 구키 함선의 화력에 공포심을 느낀 모리 수군은 구키 함선에 접근하지도 못하고 퇴각했다(제2차 기즈가와구치 해전). 이 싸움으로 노부나가 측은 오사카만 제해권을 다시 장악하였고, 이시야마 혼간지, 아라키, 그리고 벳쇼씨는 모리군의 원조를 받지 못하고 고립되었다. 이로써 혼간지·모리 연합군에 대한 오다군의 우위가 확보되었다.

기즈가와구치 싸움의 승리로 노부나가가 오사카만 제해권을 장악하자 혼간지는 탄약과 식량 결핍의 위험에 노출되었고 결국 1579년 10월에는 무라시게의 아리오카성도 함락되었다. 상황이 이에 이르자 혼간지는 완전히 고립 상태에 빠졌다. 그리고 후술하는 히데요시의 미키성 공략도 우세한 상황으로 전환되어가고 있었다. 이러한 유리한 상황 속에서 노부나가는 12월 혼간지와 항구적인 화해를 검토하기 시작했다.

이에 1580년 윤3월 7일 혼간지는 노부나가에게 서지를 제출하여 세 번째 화해가 성립하였다. 이로써 10여 년간 지속된 혼간지와의 지루하고 긴 대립과 싸움은 노부나가의 승리로 종지부를 찍었다.

한편 벳쇼씨는 병량이 부족해질 것에 대비해 1579년 2월 6일, 국면 타개를 위해 히데요시의 본진인 히라이야마(平井山)를 공격하였으나 패했다(히라이야마합전). 5월 히데요시가 병량 수송의 중계지점인 니부야마(丹生山) 메이요지(明要寺)와 오고성(淡河城)을 공략했기 때문이다. 이로써 벳쇼씨 측의 병량보급은 더욱더 곤란해졌다.

이 같은 전황이 전개되는 가운데 미키성도 이미 병량이 바닥나 거의 아사상태에 빠졌다. 마침내 17일 벳쇼씨 일족이 할복하였고, 미키성도 함락되었다. 그리하여 1년 10개월여에 걸친 미키성 농성전은 종료되었다.

한편 1580년 5월 노부나가의 명을 받은 하시바 히데요시가 돗토리성(鳥取城)을 공격했다. 히데요시는 하리마·미키성 공격에서 쓴 병량차단 전략을 다시 구사했다. 『인토쿠타이헤이키(陰德太平記)』에 따르면, 히데요시는 와카사에서 이나바(因幡)로 상선을 보내 쌀을 고가로 매입하였다. 그리고 1,400여 명이 농성하는 돗토리성으로 부근 농민들 2,000명 이상을 몰아넣었다. 나아가 하천과 바다를 통한 병량 반입을 막았다. 이때 성에는 20여 일분의 병량이 준비되어 있었으나 막상 작전이 펼쳐지자 바로 병량이 바닥나서 돗토리성의 성민들이 아사 상태에 빠져 아수라장이 되었다. 성주 깃카와 쓰네이에(吉川経家)는 이 처참한 상황 속에서 자결하였고 돗토리성은 히데요시에게 굴복하고 말았다. 돗토리성은 오다 군의 산인(山陰)지역 공략의 거점이 되었다.

1580년 6월, 조소카베 모토치카(長宗我部元親)는 고소카베 지카야스(香宗我部親泰)를 아즈치에 파견하여 아와 이와쿠라 성(岩倉城)의 미요시 야스토시(三好康俊)를 복속시킨 것을 노부나가에게 보고하고, 아와 정복을 위해 야스토시의 아버지인 미요시 야스나가(三好康長)가 조소카베씨에게 적대하지 않도록 노부나가가 힘써줄 것을 청하였다. 노부나가는 이 사항들을 양해했다. 그런데 노부나가는 시코쿠에 대한 정복·지배를 조소카베 모토치카의 의향에 맡긴다는 약속을 파기하고 도사(土佐)와 아와 남부만의 영유를 인정하였고 나아가 모토치카에게 이치조가(一条家)의 가신으로 오다 정권에

신종할 것을 요구했다. 그런데 이치조 다다마사(一条内政)는 1581년 2월 반란에 연좌되어 모토치카로부터 도사에서 추방된 바 있다. 따라서 이는 단순한 문제가 아니라 심각한 정세의 변화를 의미하는 것이었다.

이 시기 조소카베씨는 노부나가와 대립하고 있는 모리씨와 우호관계에 있었다. 조소카베씨와 노부나가의 우호관계의 결렬로 말미암아 모리씨와 모토치카는 1581년 8월까지는 사누키(讚岐)의 아마기리성(天霧城)에서 대노부나가동맹을 맺는다. 그리고 모토치카는 이요(伊予)의 가네코 모토이에(金子元宅)와도 1581년 중에 동맹을 맺었다.

모토치카가 세토내해에 영향력을 가진 모리씨와 제휴한 까닭은, 그가 미요시씨와 대립하고 있었기 때문이다. 모리씨가 미요시씨와 결합하여 자신을 공격하는 것을 피하기 위해서였다. 그리고 노부나가 역시 미요시씨와 대립 중이었기 때문에 모토치카가 모리씨와 협력 상태이면 노부나가와 자신 간의 우호관계는 그대로 유지될 것이라 판단했던 것이다. 그러나 노부나가의 입장에서 보면 노부나가가 모리씨를 토벌하는 데 본격적으로 나서려고 하는 시점에, 노부나가와 모리씨 둘 다에 우호관계를 유지하려고 하는 조소카베씨의 태도가 석연치 않았던 것이다.

1580년 9월 아와의 시노하라 지톤(篠原自遁)과 이요의 야스토미씨(安富氏)가 구로다 요시타카의 중재로 주고쿠 공격을 맡고 있는 히데요시에게 인질을 보내 복속시켰다. 이에 히데요시는 요시타카에게 모리씨의 전진기지로 기능하고 있던 아와지(淡路) 공격을 명했다. 10월 히데요시는 아와지 시치성(志知城)에 진출해 있던 요시타카에게 조소카베씨에게 저항하는 시노하라 지톤의 기즈성(木津城) 및 모리 무라하루(森村春)의 도사토마리성(土佐泊城)에 병량과 탄약을 보급하도록 했다. 11월 중순 히데요시는 아와지로 건너가 유라성(由良城)을 함락시켰다. 이어 11월 15일 이와야성(岩屋城)을 공략하고, 센고쿠 히데히사(仙石秀久)에게 아와지 지배를 명했다. 그리하여 히데요시는 하리마나다(播磨灘)의 제해권을 장악하였다. 그리고 쇼도시마(小豆島)도 히데요시 지배하에 들어왔다. 1582년 4월에는 시와쿠제도(塩飽諸島)도 히데요시에게로 귀복했다.

한편 조정은 1582년 3월 가이를 정복한 노부나가에게 전승을 축하하기 위해 가주지 하루토요(勸修寺晴豊: 사네히토신노誠仁親王의 의형)를 칙사로 파견해 칙사 일행이 1582년 4월 23일 아즈치에 도착했다. 『하레토요코키(晴豊公記)』에 따르면 4월 25일 노부나가를 다조다이진(太政大臣) 혹은 간파쿠(関白), 혹은 세이이타이쇼군(征夷大将軍)에 추대하는 이른바 '3직추임(三職推任)'을 추천하고, 5월 4일 황태자 사네히토신노의 친서를 지참시켜 두 번째 칙사가 노부나가를 방문했다.

이 두 번째 칙사 방문에 당황한 노부나가는 모리 나리토시(森成利, 蘭丸)를 하루토요에게 보내 조정의 의향을 타진하자 하루토요는 '노부나가를 장군에 추임시키고자 하는 사자'라 했다. 이에 대해 노부나가는 6일과 7일 칙사에게 향응을 베풀고, 위 제안에 답변하지 않은 채 칙사를 돌려보냈다. 이러한 와중에 5월 17일 히데요시가 노부나가의 출진을 구하는 연락이 왔고 노부나가는 출진을 결심하고 교토로 향했다. 주고쿠 평정을 수행 중인 히데요시는 돗토리성을 함락시킨 후 곧바로 호키(伯耆)로 출병하였다. 한편 깃카와 모토하루(吉川元春)는 돗토리의 우마노야마(馬ノ山)에 포진하여 히데요시와 전면 대결을 준비하고 있었다. 이에 히데요시는 깃카와 모토하루와의 전면전을 회피하고 우에시(羽衣石)에 병량과 탄약 등을 보급하고는 1581년 10월 28일 전군을 철수시켰다(우마노야마 싸움).

한편 다지마에서는 잇키가 발생하여, 히데요시는 수하 도도 다카토라(藤堂高虎)를 다지마에 파견하여 잇키를 평정하였다. 그런데 전년부터 모리씨와 우키타씨(宇喜多氏)가 비젠·빗추·미마사카의 각지에서 대립하고 있었다. 이 일련의 싸움에서 최대 격전은 8월에 벌어진 하치하마(八浜) 싸움이었다.

1581년 말 우키타 나오이에가 53세로 오카야마성에서 병사하였으나 우키타씨는 이를 비밀로 하고 있었다. 결국 모리군은 1582년 2월 24일 우키타군을 공격하였고 이를 계기로 오사키무라(大崎村)에서 양군이 격돌하였다. 이 싸움으로 우키타 모토이에(宇喜多基家)가 전사하였고 우키타군은 '하치하마의 일곱 창(八浜七本槍)'이라 불리는 무장들의 활약으로 모리군을 겨우 막아냈다. 그러나 이후 우키타군은 하치하마성(八浜城)에서 농성하면서 히데요시의 구원군을 기다렸다.

히데요시는 1582년 3월 비젠·빗추로 들어가 3월 17일 비젠 고지마(児島)의 쓰네야마성(常山城)에서 싸웠다. 4월 중순 우키타군도 히데요시군에 가세하여 빗추·비젠의 모리 측 성들을 함락시켰다. 한편 동요하고 있던 모리 수군에 계략을 써서 4월 14일 모리 수군에 귀속해 있던 이요의 구루시마씨(来島氏)를 귀순시켰다. 이로써 무라카미수군(村上水軍)은 모리 측과 오다 측으로 분열되어 시와제도(塩飽諸島)가 오다, 히데요시 측에 속하게 되었다.

빗추 다카마쓰성(高松城)은 저습지를 이용한 평성(平城)으로, 철포·기마전법으로도 쉽게 공략하기 어려운 성이었다. 다카마쓰성은 시미즈 무네하루(清水宗治)가 3,000~5,000여 병력으로 지키고 있었다. 히데요시는 다카마쓰성 주위의 소성들을 차례로 공략하고, 4월 15일 우키타군을 선봉으로 삼아 3만 대군으로 다카마쓰성을 포위했다. 그리고 두 번에 걸쳐 다카마쓰성을 공격하였으나, 역습을 받아 후퇴했다.

한편 모리 데루모토(毛利輝元)가 이끄는 4만 명의 원군이 접근하여 오자 히데요시는 노부나가에게 구원군을 요청하는 사자를 보냈다. 노부나가는 단바를 평정했던 아케치 미쓰히데군을 보내겠다고 회신했다. 그리고 하루라도 빨리 다카마쓰성을 함락하라는 엄명을 내렸다. 이러한 상황 속에서 히데요시는 5월 7일 저습지를 이용한 평성이어서 공격이 어려운 점을 역이용하여 수공(水攻)을 결정했다. 이날은 노부나가가 3남 오다 노부타카(織田信孝)에게 시코쿠 출정 명령을 내린 날이었다.

히데요시는 각 장수들에게 할당하여 동남 약 4킬로미터, 높이 8미터(낮은 지역은 24미터), 상폭 12미터에 이르는 견고하고 긴 제방을 5월 8일 착수하여 12일 걸려 완성하였고 이 제방 안으로 아시모리가와(足守川) 물을 끌어넣었다. 때마침 장마철이라 아시모리가와가 불어나 다카마쓰성은 고립된 섬과 같이 되어버렸다. 히데요시는 이 완성된 제방 위의 감시소에서 성내를 감시했다. 이로써 다카마쓰성은 보급로가 차단되어 병량미가 모자라고, 고바야카와 다카카게(小早川隆景), 깃카와 모토하루 등 모리씨의 원군도 오지 않아 병사들의 사기는 저하되었다. 마침내 모리 데루모토가 5월 21일 사루카케성(猿掛城)에 본진을 치고 다카마쓰성에 가까운 이와사키야마(岩崎山)에 모토하루가, 그 남쪽 히사시야마(日差山)에 다카카게가 진지를 마련했다. 그러나 이미 제방이 완성되어 있어서 모리 원군은 움직일 수 없었고 더욱이 노부나가로부터 원군이 보내질 예정이었다.

그리하여 모리 측은 히데요시와 강화를 결정했다. 모리 측은 군승 안코쿠지 에케이(安国寺 惠瓊)를 구로다 요시타카에게 파견하여 빗추·빈고(備後)·미마사카·호키·이즈모(出雲) 지역의 할양과 성내 병사의 생명보전을 강화조건으로 제시했다. 그러나 히데요시는 이를 거부하고 위 다섯 지역 할양과 성주 시미즈 무네하루(清水宗治)의 절복을 역으로 제안했다. 모리 측은 시미즈 무네하루에게 구원이 불가하여 히데요시에게 항복할 것을 전했으나 무네하루는 자신은 성과 함께 목숨을 바치겠다고 하면서 모리 측의 제안을 거절했다. 결국 모리 측은 안코쿠지 에케이를 다카마쓰성에 보내 무네하루를 설득하였고 무네하루는 성내의 병사들이 살 수 있다면 아무래도 좋다고 답하면서 자신과 형제들 4인이 목숨을 바치는 대신 병사들의 목숨을 지켜달라는 탄원서를 보냈다.

이러한 와중에 6월 3일 밤 히데요시 측은 아케치 미쓰히데가 모리 측에 보낸 사자를 체포하면서 노부나가가 혼노지(本能寺)에서 비명횡사한 사실을 알았다. 히데요시는 바로 구로다 요시타카와 상의하여 속히 모리 측과 강화하고, 아케치 미쓰히데에 대한 토벌을 위해 상경할 방침을 세웠다. 히데요시 측은 노부나가 횡사로 후원군이 오지 않을 것이라는 사실을 모리 측이 알아차리기 전에 강화하고자 했던 것이다. 6월 4일 히데요시는 안코쿠지 에케이를 호출하여 가와베가와(河辺川)와 하치만가와(八幡川) 이동지역의 할양(빗추·미마사카·호키는 모리 측에 양보)과 시미즈 무네하루의 자결을 화해조건으로 제시했다. 노부나가가 횡사한 사실을 모르는 모리 측은 어쩔 수 없이 화해조건을 수락하여 히데요시와 강화했다. 그리고 모리 측 인질로 깃카와 히로이에(吉川広家)와 고바야카와 모토후사(小早川元総, 후의 小早川秀包)가 보내졌고, 히데요시 측 인질로 모리 시게마사(森重政)·다카마사(高政) 형제가 보내졌다.

마침내 시미즈 무네하루는 히데요시가 보낸 술과 안주로 연회를 열고 성내 청소를 가신들에게 명하였다. 그러고 나서 무네하루 등 4인은 히데요시가 보낸 배를 타고 히데요시 본진으로 가서 히데요시와 잔을 나누고 춤을 춘 뒤 '속세를 이제서야 떠나네, 무사의 명을 다카마쓰의 이끼에 남기고'라는 시구를 남긴 후 자결했다. 히데요시는 무네하루를 무사의 귀감이라 칭찬했다.

제3장 '혼노지의 변'과
히데요시 정권의 성립

　노부나가의 시코쿠 정책 변경으로 인해 모토치카의 중재 역을 맡고 있던 아케치 미쓰히데는 체면을 크게 잃었다. 당시 오다가 중신들이 전국 각지에서 전공을 올리는 시기에 기나이에 머물면서 유격군 역할을 담당하고 있던 아케치 미쓰히데의 입장은 특수한 것으로, 오미·단바·야마시로에 직속 가신을 거느린 미쓰히데는 긴키(近畿)군 사령관이었다고 할 수 있었다. 한편 미쓰히데는 여전히 조정과 교섭하고 있었고, 교토의 행정에 관여하고 있었으며 1581년 우마조로(馬揃え: 기마 열병식)에 총괄 책임자를 맡는 등 오다군단의 2인자라 할 수 있었다. 중신 다키가와 이치마스와 니와 나가히데

가 엣추·간토 평정에 분주하고, 시코쿠 정벌 준비와 이에야스 접대로 바쁜 상황이어서 혹여 노부나가를 도모한다고 한다면 미쓰히데만이 가능한 상태였다.

1582년 5월 14일 노부나가는 미쓰히데에게 아즈치에 올 이에야스의 향응 준비를 하라고 명했다. 이에 미쓰히데는 15일부터 3일 동안 오랫동안 다케다씨와 싸운 이에야스와 아나야마 노부타다(穴山信君) 등을 접대했다. 그런데 17일 빗추 다카마쓰성을 공략하고 있던 하시바 히데요시에게서 원군을 보내줄 것을 요청하는 서장이 노부나가에게 도착한다.

이에 노부나가는 주고쿠 지역 영주들을 토벌하고, 단번에 규슈까지 평정해버리겠다고 결심하고, 미쓰히데에게 히데요시 원군의 선진을 담당하도록 명했다(『가와스미타이코키川角太閤記』에는 미쓰히데 출진 목적을 모리의 영지인 호키·이즈모에 난입하여 후방을 교란하는 것이었다고 적고 있다). 미쓰히데는 급히 거성인 사카모토성(坂本城)으로 돌아가 출정을 준비했다. 26일 사카모토성을 출발한 미쓰히데는 별도 거성인 단바의 가메야마성으로 갔다. 27일 미쓰히데는 아타고야마(愛宕山)에 올라 아타고곤겐(愛宕権現)을 참배하고, 28일 가메야마로 돌아왔다. 『노부나가코키(信長公記)』에 따르면, 미쓰히데는 무엇을 생각했는지 다로보(太郎坊) 앞에서 두 번 세 번 제비뽑기 점을 쳤다고 한다. 29일 미쓰히데는 화살과 탄환 등 화물을 보졸들에게 서쪽으로 옮기도록 했다고 한다.

한편 노부나가는 29일 소수 인원의 근위대만을 이끌고 상경하여 혼노지로 들어갔다. 노부나가가 상경한 이유는 명확하지 않지만, 6월 4일 주고쿠 공격과 관련하여 사카이를 거쳐 아와지로 갈 예정이었다고 한다. 6월 1일 노부나가는 공경과 승려 40명을 초대하여 혼노지에서 다회를 열고, 다회가 끝나고 나서 주연을 벌였다. 그리고 묘카쿠지(妙覚寺)에 묵고 있던 노부타다가 내방하여 함께 술을 나누었다. 밤이 깊어지자 노부타다는 돌아가고 노부나가는 혼인보 산사(本因坊算砂)와 가시오 리겐(鹿塩利賢)의 대국을 보고 나서 잠자리에 들었다.

6월 1일 미쓰히데는 군사 1만 3,000명을 이끌고 단바의 가메야마성을 나섰다. 이때 모습을 『가와스미타이고키』는 교토에 있는 모리 나리토시(森成利)에게서 급히 연락이 왔는데, 그 내용은 노부나가가 주고쿠의 출정 준비가 되었는지를 확인하고자 한다는 것이었다. 미쓰히데는 이를 수하들에게 설명하고 사이토 도시미쓰(斎藤利三)에게 군사 1만 3,000명을 집합시키도록 했다. 이때가 오후 6시경이었다. 미쓰히데는 시노무라하치만궁(篠村八幡宮)에서 아들 아케치 히데미쓰(明智秀満)에게 중신들을 집합시키라 명했다. 중신들이 모인 가운데 미쓰히데는 모반에 관해 말하고 중신들은 노부나가를 토벌하여 천하의 주인이 될 책략을 짰다.

　미쓰히데는 오이노사카(老ノ坂)에 올라 야마자키(山崎)를 돌아서 셋쓰로 진군한다고 병사들에게 알렸다. 미쓰히데는 군을 빠르게 동진시켜 오이노사카토게(老ノ坂峠)를 넘어, 교토와 서쪽으로 향하는 분기점인 쓰카케(沓掛)에서 병사를 쉬게 하고 병량을 지급하였다. 『가와스미타이코키』에 따르면 미쓰히데는 가신 아마노 겐에몬(天野源右衛門)을 진군로에 먼저 보내 수상한 자가 있으면 참살하도록 명했다고 한다. 여름이어서 아침 일찍 밭에 나와 일하는 농부들이 있었다. 농민들은 살기에 찬 무사들이 서둘러 오는 모습을 보고 놀라 도망하였으나 아마노 겐에몬은 이들 농부 20~30명을 추격하여 살해했다고 한다. 미쓰히데 별동대는 가라토고에(唐櫃越)에서 시조(四条)로 이어지는 산길을 이용했다고도 한다.

　6월 2일 미명에 가쓰라가와(桂川)에 도착하자 미쓰히데는 병사들에게 전투 준비를 하게 했다. 아케치군에 종사했던 무사들이 쓴 『혼조소에몬오보에카키(本城惣右衛門覚書)』에 따르면 아케치군 군사들은 노부나가의 명으로 도쿠가와 이에야스를 토벌하는 것으로 생각했다고 한다. 한편 『가와스미타이코키』에는 미쓰히데가 오늘부터 덴카사마(天下様)가 된다고 고하여 노부나가에 대한 모반을 말했다고 했다. 이때 미쓰히데가 '적은 혼노지에 있다'고 선언했다고 한다. 그러나 이것은 속설에 불과하다.

미쓰히데군이 가쓰라가와를 넘어설 즈음 날이 밝았다. 6월 2일 새벽(오전 4시경) 아케치군은 혼노지를 완전히 포위했다. 『노부나가코키』에 따르면 노부나가는 처음에 이러한 소란이 아래 사람들 싸움이라 생각하였는데, 잠시 후 아케치군이 함성을 지르고 전각에 철포를 쏘아대는 것을 보고 노부나가는 "모반인가, 누가 모반을 일으켰는가"라고 모리 나리토시(森成利)에게 묻고는 사정을 알아보도록 했다. 나리토시가 아케치군이라 보고하자 노부나가는 "어쩔 수 없군"이라 말했다 한다. 통설에서는 노부나가가 미쓰히데의 모반이라는 보고를 받고는 미쓰히데의 능력과 성격으로 보아 탈출은 불가능할 것이라 생각했다고 해석하고 있다.

노부나가는 처음에는 활로, 다음에는 창으로 싸웠으나 결국 싸움 도중 폐에 상처를 입고 내실로 물러났다. 노부나가는 끝까지 시종하고 있던 여인들에게 피난을 명하고, 불타는 어전에서 문을 안에서 걸어 잠그고 오전 8시 즈음 49세의 파란만장한 생을 마감했다.

한편 묘카쿠지에 머물고 있던 노부타다는 혼노지의 변 소식을 전해 듣자 아버지를 구원하기 위해 혼노지로 달려갔다. 그러나 노부나가가 이미 자결했다는 소식을 듣는다. 이에 노부타다는 황태자 사네히토신노의 거소인 니조고신조(二条御

新造)로 이동하여 사네히토신노를 탈출시킨 후 소수 근위병과 함께 니조고신조에서 농성하였다. 그러나 아케치군이 공격을 가해오자 중과부적이었으며, 마침내 노부타다는 26세의 젊은 나이로 자결하였다.

제4장 도요토미 히데요시 권력의 탄생

야마자키 싸움

아케치 미쓰히데는 교토를 제압한 후 6월 4일까지 오미를 거의 평정했고, 6월 5일 아즈치성으로 들어갔다. 한편 7일 사네히토신노는 칙사로 요시다 가네미(吉田兼見)를 아즈치성에 있는 미쓰히데에게 파견하여 승리를 축하하고 교토의 치안을 당부했다. 이에 미쓰히데는 9일 조정에 은 500매, 5산(五山)과 다이토쿠지(大德寺)에 각각 은 100매, 칙사 가네미에게도 은 50매 등 공가(公家)들에게 모두 은 700매를 헌상하고 가미교(上京)·시모교(下京)에 지세 면제 명령을 내렸다.

이로써 미쓰히데는 새로운 천하인의 탄생을 천하에 알렸다.

한편 더 이상 노부나가 사망 사실을 숨길 수 없다고 생각한 히데요시는 모리 측에 6월 4일 저녁쯤 노부나가 사망 소식을 전했다. 이 소식에 접한 깃카와 모토하루 등은 퇴각하는 히데요시군을 추격하자고 하였으나, 고바야카와 다카카게는 히데요시와의 화해 약속을 지켜야 한다고 주장하여 모토하루의 추격론을 제지하였다. 당시 모리 측은 영지 방어에 중점을 두고 있었기 때문에 빠른 시일 내에 수비 전략에서 추격 전략으로 전환할 수 없었다고도 보았다.

한편 히데요시는 모리 측이 추격할 경우를 대비해 비젠에 우키타 히데이에(宇喜多秀家)군을 배치했고, 만약 우키타군이 모리군에게 돌파당하더라도 호키의 난조 모토쓰구(南条元続)가 모리령으로 침공하여 모리군의 배후를 노리는 계획을 세웠다고 한다. 게다가 히데요시는 수공을 위해 쌓았던 제방의 남단을 절단하여 아시모리가와 하류 일대를 늪지 상태로 만들면 모리 측이 히데요시를 추격한다 하더라도 전군을 움직이기까지에는 상당한 시간이 소요될 것이라 생각했다.

한편 미쓰히데는 모리군이 히데요시를 배후에서 친다면 동서에서 히데요시를 협격할 수 있을 것으로 보고 사자를 모리 측에 파견하였으나 사자가 히데요시 측에 체포돼버렸던 것이다. 그럼에도 불구하고 모리 측에 6월 4일 노부나가의 사망소식이 전해졌고 이에 모리 측이 히데요시를 추격·협격하고자 하였다면, 그것은 가능했을지도 모른다. 그러나 모리 측은 미쓰히데에 호응하지 않고 히데요시를 선택했다.

이러한 판단을 하면서 히데요시는 모리 측의 동태를 살폈다. 히데요시는 모리 측이 다카마쓰의 진을 풀고 퇴각하는 것을 확인한 후, 6월 6일 다카마쓰성 포위를 풀고 히메지를 향해 동진하였다. 8일 히메지성에 도착한 히데요시는 6월 9일 히메지성의 성내에 비축하고 있던 금전과 미곡을 고하에 따라 장병들에게 모두 나누어 주었다. 이것은 히메지성에서 농성하지 않겠다는 것, 즉 미쓰히데 토벌과 히데요시의 결사 태도를 명확히 한 것으로 보인다. 히데요시는 6월 9일 전군을 이끌고 히메지성을 출발하여 9일 아카시(明石)를 거쳐 한밤에 효고항(兵庫港) 근처에서 이르렀다. 히데요시는 그곳에서 별동대를 조직하여 아카시 해협에서 아와지시마(淡路島) 동쪽으로 진군시키고 스모토성(洲本城)을 공격하여 함락시켰다.

미쓰히데는 6월 10일 교토의 고가(久我) 부근에 도착해 있었고 히데요시가 접근하고 있다는 소식을 접한다. 미쓰히데는 급히 요도성·쇼류지성(勝竜寺城)을 개축하고, 오토코야마(男山)에 포진한 병사를 교토로 철수시켰다. 한편 히데요시는 미쓰히데가 셋쓰·가와치 방면으로 이동할 것으로 판단하고 이 지역 부근 방어를 강화하여 미쓰히데 측의 급습에 대비하고자 했다. 10일 미쓰히데는 교토의 시모토바(下鳥羽)에 있었고 야마자키(山崎) 주변으로 병사를 파견하였다.

히데요시는 상황을 예의 주시하면서 6월 11일 아침 효고를 출발하여 저녁쯤 셋쓰의 아마가사키(尼崎)에 도착했다. 이곳에서 히데요시는 주군의 원수를 갚기 위한 전쟁에 임하는 결의를 나타내기 위해 자신의 모토도리(髷, 일종의 상투)를 잘랐다고 한다. 6월 12일 히데요시군은 아마가사키에서 진군하여 돈다(富田)에 도착하였다. 이때 미쓰히데의 수하인 이케다 쓰네오키(池田恒興), 나카가와 기요히데(中川淸秀), 다카야마 우콘(高山右近) 등 셋쓰의 장수들이 히데요시 진영으로 합류했다.

히데요시는 돈다에서 작전회의를 열고 군을 좌익, 우익으로 배치하여 진격하기로 했다. 돈다는 오사카평야 북단에 있어서 교토의 덴노잔(天王山)에 가깝고, 이바라키성과 다카쓰키성(高槻城)의 중간 지점에 위치하는 교통의 요지였다. 또한 고지성 지형이어서 수비에도 비교적 용이한 군사거점이었으며 요도가와(淀川)의 수운도 이용할 수 있는 곳이었다. 이시기 노부타카·나가히데가 히데요시군에 합류하였는데, 히데요시 총세를 『다이코키(太閤記)』에는 4만여 명, 『가네미쿄키』에는 2만여 명이라고 기록하고 있다. 오다씨 측은 아케치 토벌군의 총대장으로 노부타카를 세웠으나 병사 대부분이 도망하여 오로지 히데요시군이 도착하기만을 기다리고 있었다. 반면 히데요시는 기나이의 유력 장수들을 규합하여 군사 주도권을 잡고 있었다.

이에 대항하는 미쓰히데군은 『다이코키』에 1만 6,000명으로 기록하고 있다. 이처럼 적은 병사로 히데요시군을 대적해야 하는 미쓰히데는 요도가와와 덴노잔 사이에 끼인 야마자키의 좁은 길로 진격해 오는 히데요시군을 격파하기 위한 작전을 세웠다. 당시 야마자키에는 늪지가 많아 대군이 통과할 수 있는 길은 덴노잔과 늪 사이의 좁은 공간밖에 없었다. 이러한 작전에 입각하여 미쓰히데는 쇼류지성을 전선으로 해서 요도성을 좌익, 엔묘지가와(円明寺川) 연변을 우익으로 하여 군사를 배치하고 중앙에 오미 지역의 군사를 선봉대로 배치했다.

그러나 미쓰히데의 본진 4,000명은 12일에도 시모토바에 주둔해 있었다. 미쓰히데는 야마자키를 내려다볼 수 있는 전략 요충지인 덴노잔을 확보했어야만 하지만 덴노잔의 확보를 간과했다. 더욱이 히데요시군의 신속성에 비해 미쓰히데군의 움직임은 너무 느렸다.

양군은 6월 12일경부터 엔묘지가와를 끼고 대치하였다. 전날 밤 히데요시 측은 야마자키의 마을들을 점령하면서 최전선에 도착하였고 우익으로는 표고 270미터 덴노잔 산자락의 구 사이코쿠가도((旧西国街道)를 따라 포진하였다. 히데요시의 본진은 후방 호샤쿠지(宝積寺)에 포진했다.

싸움이 시작된 후 요도가와 연변을 따라 북상한 이케다 쓰네오키·모토스케(元助) 부자와 가토 미쓰야스(加藤光泰)가 이끄는 히데요시 측 군사가 몰래 엔묘지가와를 건너 쓰다 노부하루(津田信春)를 기습했다. 이 기습으로 쓰다 부대는 세 방면에서 공격을 받아 장병들이 도망하면서 혼란에 빠졌다. 그리고 이케다 부대에 이어 니와·노부타카 부대도 우익에서 일제히 밀어닥쳐 미쓰히데 본대의 측면을 뚫는 형상이 되었다. 그리하여 고전하고 있던 나카가와·다카야마 양 부대도 사이토·이세(伊勢) 양 부대에게 반격을 가하였다. 미쓰히데의 전군으로 동요가 확산하는 가운데 아케치군은 마침내 무너지게 된다. 그리하여 미쓰히데는 전선 후방의 쇼류지성으로 퇴각하였다. 주력 사이토 부대가 패주하여 전선을 이탈하였고, 마쓰다 마사치카(松田政近), 이세 사다오키(伊勢貞興) 등도 싸움 중에 사망했다(야마자키 싸움).

쇼류지성으로 후퇴한 아케치군은 병사들의 탈주와 이산이 이어지고, 겨우 700여 명만 남았다. 미쓰히데는 몰래 쇼류지성을 나와 사카모토성으로 도망하던 중 오구리스부키(小栗栖藪)에서 지방민들에게 죽창을 맞아 사망했다고도 하고 자결했다고도 한다. 그리하여 미쓰히데 천하는 열흘 만에 막을 내렸다.

다이묘들의 움직임

야마자키 싸움 승리로 인해 혼노지의 변으로 혼란해진 상황을 수습한 히데요시는 6월 27일 노부나가의 후계자 지정과 소령(所領) 분할을 위해 기요스성(淸洲城)에서 회의를 열었다(기요스회의). 이 회의에 하시바 히데요시, 시바타 가쓰이에, 히데요시와 함께한 니와 나가히데, 이케다 쓰네오키 등 4인이 참석했다. 다키가와 이치마스는 일설에 따르면 호조씨와의 싸움에서 패배한 책임을 물어 기요스회의에 참석시키지 않았다고 한다.

기요스회의에서 시바타 가쓰이에는 노부나가 후계자로 노부나가의 3남 오다 노부타카를 추천하였으나 히데요시는 노부타다의 장남 오다 히데노부(織田秀信, 아명 산보시三法師)를 추천하여 가쓰이에와 대립했다. 이케다 쓰네오키와 니와 나가히데는 히데요시 의견을 지지하였다. 이에 히데요시는 나가히데의 의견과 절충하여 산보시를 노부나가 후계로 정하고 노부타카를 산보시의 후견인으로 하자고 제안하였다.

이에 가쓰이에도 히데요시의 의견에 따를 수밖에 없었다. 그리하여 세 살 난 산보시가 노부나가의 후계자로 결정되었다. 『가나이문서(金井文書)』『다몬인일기(多聞院日記)』 등에 따르면 오다 노부카쓰(織田信雄)와 오다 노부타카가 후계자 지위를 주장하지 않았기 때문에 가쓰이에와 히데요시가 산보시를 후계자로 합의하였다고 한다. 위에 서술한 가쓰이에와 히데요시의 노부나가 후계를 둘러싼 의견이 대립했다는 견해는 후대에 쓰인 『가와스미타이코키』에 처음으로 보이는 견해다.

기요스회의의 또 하나의 쟁점인 영지 재분배 문제에 대해서는 노부카쓰가 오와리를, 노부타카가 미노를 상속하는 것으로 결정했다. 또한 오다 노부카네가 북이세(北伊勢)와 이가(伊賀)를, 호소카와 후지타카(細川藤孝)는 단고(丹後)를, 쓰쓰이 준케이(筒井順慶)는 야마토를 상속하고, 다카야마 우콘과 나카가와 기요히데는 기존 영지의 지배권을 인정하는 것으로 했다. 이 밖에 니와 나가히데는 오미의 시가군(滋賀郡)·다카시마군(高島郡)의 15만 석을, 이케다 쓰네오키는 셋쓰 아마가사키와 오사카 15만 석을 가증(加增)하는 것으로, 호리 히데마사(堀秀政)는 오미 사와야마(佐和山)를 영유하는 것으로 정했다.

가쓰이에에게도 에치젠과 히데요시 영지였던 나가하마

12만 석이 주어졌다. 히데요시는 아케치 미쓰히데의 영지였던 단바와 야마시로·가와치를 차지하였다. 그리하여 히데요시의 영지는 28만 석이 증가하여 시바타 가쓰이에를 능가하였다. 노부나가의 후계자인 산보시는 오미의 사카타군(坂田郡) 3만 석과 아즈치성을 상속받았고, 호리 히데마사가 산보시의 영지를 관장하기로 했다.

시즈가타케 싸움과 히데요시의 쟁패

기요스회의 이후 히데요시와 가쓰이에는 주변 세력을 끌어들여 세력을 확장하고자 애썼다. 가쓰이에는 우에스기 가게카쓰(上杉景勝)와 우호관계를 강화하였고, 도사의 조소카베 모토치카와 기이의 사이카(雜賀) 세력도 끌어들였다. 특히 사이카 세력은 히데요시가 출정한 틈을 이용하여 이즈미의 기시와다성(岸和田城) 등을 공격하여 히데요시 측 후방을 위협하였다. 그리고 가쓰이에는 히데요시가 기요스회의의 서약을 어기고 부당하게 영지를 재분배했다고 비난하면서 히데요시의 호지성(宝寺城) 축성도 비난했다. 또한 가쓰이에는 다키가와 이치마스와 오다 노부타카와 함께 히데요시를 비판하는 서장을 다이묘들에게 보내기도 했다.

이에 대해 히데요시는 10월 15일 양자 하시바 히데가쓰(羽柴秀勝)를 상주로 삼아 노부나가의 장례를 치러 궁지에서 벗어나려 했다. 그러고는 10월 28일 히데요시와 니와 나가히데, 이케다 쓰네오키는 산보시를 오다가(織田家)의 당주로 결정한 기요스회의 결정을 뒤집고 노부카쓰를 오다가의 당주로 옹립해 주종관계를 맺었다. 단 그것은 산보시가 성인이 될 때까지의 잠정적인 것이었다.

그런데 히데요시를 비난하던 가쓰이에가 11월 히데요시에게 화해를 청했다. 이는 호쿠리쿠에 영지를 가지고 있는 가쓰이에의 경우 겨울이 되면 폭설로 말미암아 기동하기 어려웠기 때문이다. 그러나 히데요시는 폭설로 가쓰이에가 움직이기 어렵다는 점을 역이용하여 가쓰이에 측 중신들을 회유하고 기나이 주변 지역의 장수들에게 인질을 보내도록 하여 기나이 방어를 강화했다. 한편 기요스회의 때 산보시를 아즈치로 돌려보내기로 결정하였으나, 숙부 오다 노부타카는 그를 기후성(岐阜城)에 머물게 했다. 결국 히데요시는 12월 노부타카가 산보시를 아즈치로 돌려보내지 않는 것을 명분으로 삼아 노부타카를 타도하기 위해 미노로 침공했다. 그리하여 기후성에 고립되어 있던 노부타카는 산보시를 히데요시에게 인도하고 히데요시와 화해하였다.

이후 1583년 1월 가쓰이에를 지원하는 다키가와 이치마

스는 이세에서 히데요시 측을 공격하여 격파하였다. 이어 나가시마성(長島城)으로 나아가 히데요시 측을 공격하였다. 히데요시가 이세에서 이치마스와 대치하고 있던 즈음 가쓰이에는 마에다 도시나가(前田利長)를 선봉으로 3월 9일 스스로 3만 대군을 이끌고 잔설이 남아 있는 길을 헤치면서 교토를 향해 출정하였다. 3월 12일 가쓰이에는 오미의 야나가세(柳ヶ瀬)에 도착하여 포진했다. 한편 이치마스가 농성하고 있는 나가시마성을 포위하고 있던 히데요시는 1만 병력을 이세에 남기고 3월 19일 5만 병력을 이끌고 기노모토(木ノ本)에 포진했다. 이러한 상황 속에서 가쓰이에의 서진에 대비하여 니와 나가히데도 가이즈(海津)와 쓰루가(敦賀)로 진군하였다. 그리하여 전선은 교착상태에 빠졌다.

4월 16일 히데요시에게 항복했던 오다 노부타카가 다시 이치마스와 결탁하여 거병하여 기후성으로 진격하였다. 그리하여 오미·이세·미노의 세 방면에서 작전을 수행해야 하는 히데요시는 4월 17일 미노로 진군하고자 하였으나, 이비가와(揖斐川)가 범람하여 오가키성(大垣城)으로 들어갔다. 히데요시군의 다수가 오미에서 철수한 것을·호기로 본 가쓰이에는 오이와야마성채(大岩山砦)를 공격하게 하여 함락시켰다. 이어 사쿠마 모리마사(佐久間盛政)군이 구로다 요시타카군을 공격하였으나 요시타카군은 이를 겨우 견뎌냈다. 이렇게 성과를 올린 가쓰이에는 부장 모리마사에게 퇴각할 것을 거듭 명했다. 그러나 모리마사는 무슨 까닭인지 이 명령을 따르지 않고 계속 전선에 군대를 배치하고 있었다.

4월 20일 시즈가타케(賤ヶ岳)성채를 지키고 있던 히데요시 측의 구와야마 시게하루(桑山重晴)는 전세가 열세라고 판단하여 일단 퇴각한다. 이에 모리마사는 시즈가타케성채를 점령하는 것은 시간문제라 생각했다. 그러나 이즈음 비와호를 건너던 니와 나가히데가 진로를 변경하여 가이즈로 상륙하였다. 나가히데가 이끄는 2,000명의 군사가 퇴각하기 시작한 구와야마 시게하루의 군사들과 합류하여 시즈가타케 주변에 있던 모리마사의 군사들를 공격하기 시작하였다. 나가히데, 구와야마군은 순식간에 모리마사군을 격파하고 시즈가타케성채를 확보했다.

그리고 같은 날 오가키성에 있던 히데요시는 오이와야마 성채 등이 함락되었다는 소식을 접하자 즉시 회군하였다. 오가키성을 나온 히데요시군은 52킬로미터 떨어진 시즈가타케까지 겨우 5시간 만에 이동했다. 21일 모리마사는 히데요시 대군의 공격에 분투하였다. 히데요시는 공격 대상을 바꿔 시바타 가쓰마사(柴田勝政)를 공격하였고 이로 말미암아 가쓰마사군을 모리마사가 구원하는 격전이 전개된다.

그런데 이러한 급박한 상황 속에서, 시게야마(茂山)에 포진하고 있던 시바타 측 마에다 도시이에의 군대가 갑자기 전선을 이탈했다. 도시이에의 이반은 가뜩이나 불리한 가쓰이에 측에 결정적인 것이었다. 도시이에는 가쓰이에와는 주종 관계에 있었으나 히데요시와는 친구 사이였다. 마에다 도시이에가 친구를 선택한 것이었다. 도시이에는 대치하고 있던 시바타군을 공격하였다. 더욱이 시바타 측의 후와 가쓰미쓰(不破勝光)·가나모리 나가치카(金森長近)의 군대도 퇴각했기 때문에 모리마사 군사를 격파한 히데요시군은 시바타 가쓰이에의 본대로 진격했다. 우위를 확보하고 있던 히데요시군에게 가쓰이에군이 완전히 무너질 수밖에 없었다. 이로 말미암아 가쓰이에는 에치젠의 기타노쇼성(北ノ庄城)으로 퇴각하였다(시즈가타케 싸움). 시즈가타케 싸움에서 공을 세운 히데요시 장수들 중 7명, 와키자카 야스하루(脇坂安治), 가타기리 가쓰모토(片桐且元), 히라노 나가야스(平野長泰), 후쿠시마 마사노리(福島正則), 가토 기요마사(加藤清正), 가스야 다케노리(糟屋武則), 가토 요시아키(加藤嘉明)를 후세에 '시즈가타케의 일곱 창(七本槍)'이라 부른다.

4월 23일 히데요시는 마에다 도시이에를 선봉으로 군대를 몰아 가쓰이에 거성 기타노쇼성을 포위하였다. 이를 견디지 못한 가쓰이에는 4월 24일 부인 오이치(お市)와 함께 자결하였다. 그리하여 히데요시는 가가와 노토(能登)를 평정하

고, 이 지역을 마에다 도시이에에게 주었다. 모리마사는 도망하다가 구로다 요시타카에게 체포되어 후에 참수되었다.

그리고 미노 방면의 오다 노부타카는 가쓰이에의 후방 지원이 사라지자 히데요시 측에 가담한 오다 노부카쓰에게 기후성에서 포위되어 항복했다. 노부타카는 오와리의 우쓰미(內海)로 옮겨 갔으나 4월 29일 절복을 명받고 자결하였다. 한편 이세 방면에 남아 있던 다키가와 이치마스의 군대는 한 달여 농성했다. 그러나 결국 이치마스는 삭발하고 나가시마성을 히데요시에게 넘겨주었고 니와 나가히데의 영지인 에치젠의 오노(大野)에서 칩거했다.

싸움이 종료된 2일 후(4월 25일) 히데요시는 고바야카와 다카카게에게 승리를 알렸고, 중립을 유지하던 모리씨에게 은근히 복속해올 것을 요구했다. 그리고 바로 이시야마 혼간지 터에 오사카성(大坂城) 수축을 시작했고 5월 조정으로부터 종4위하 산기(參議)에 임명되었다. 오사카성의 수축과 히데요시의 관위 취임은 천하에 히데요시의 지배를 알리는 상징이었다. 이에 도쿠가와 이에야스·우에스기 가게카쓰·모리 데루모토·오토모 요시무네(大友義統) 등등 각지의 유력 다이묘들은 히데요시에게 사자를 보내 승리를 축하하면서 화해를 표했다. 이렇게 오다가의 실력자들을 차례로 제거한 히데요시는 오다가의 가신 중 제일의 지위를 확립하였으며 표면상으로는 산보시를 받들면서 오다가를 좌우했다.

히데요시는 시즈가타케 싸움의 승리로 최대 정적인 시바타 가쓰이에를 제거하였고 이 싸움의 승리 후 많은 구신들이 히데요시에게 접근하여 신종하였다. 이제 오다가 속해 있던 세력 중 히데요시에 대적할 수 있는 세력은 혼노지의 변이후 세력을 키운 도쿠가와 이에야스 그리고 세력이 약해졌다고는 하나 옛 노부나가 세력 집결의 잠재력을 가지고 있는 오다 노부카쓰가 있었다. 그리고 접경하고 있지는 않으나 실력을 갖추고 있던 호조씨가 있었고 유력 센고쿠 다이묘인 조소카베씨, 히데요시에 우호적인 모리씨, 시마즈씨 등이 있었다. 그러나 시마즈씨는 모리씨의 영지 저 너머에 있었고, 조소카베씨와 모리씨는 서로 대립하고 있었기 때문에 일단 이들이 히데요시 측을 직접 공격할 염려는 없었다.

고마키·나가쿠테 싸움

산보시의 후견인으로 아즈치성에 들어갔던 오다 노부카쓰는 히데요시에 의해 아즈치성에서 퇴거되었다. 이후 노부카쓰와 히데요시 관계는 악화일로였다. 더욱이 1584년 노부카쓰는 히데요시가 하례에 오라는 명령에 반발하여 히데요시와 노부카쓰 관계는 더욱더 악화되었다. 히데요시는 노부카쓰의 가신인 쓰가와 요시후유(津川義冬), 오카다 시게타카(岡田重孝), 아사이 나가토키(浅井長時) 등 이른바 3가로(三家老)를 회유하려 했지만, 노부카쓰는 이에야스와 동맹을 맺게 된다. 노부카쓰는 1584년 3월 6일 히데요시와의 싸움을 반대한 친히데요시파 3가로를 처형했다. 한편 히데요시는 책략을 써서 노부카쓰 측 이세 지역 장수들을 자신 편으로 끌어들였다. 그리고 미노의 이케다 쓰네오키에게 자신 편에 서면 오와리와 미카와를 주겠다고 회유했다.

이러한 히데요시 행위는 사실상 노부카쓰에 대한 선전포고나 다름없었다. 히데요시의 발 빠른 대처로 중앙을 장악할 기회를 잃은 도쿠가와 이에야스는 노부카쓰 측에 가담하였고, 노부카쓰는 이에야스를 통해 도사의 조소카베 모토치카와 기이의 사이카슈(雑賀衆)·네고로슈(根来衆) 등을 반히데요시 세력에 가담시켰다. 이에 격노한 히데요시는 노부카쓰에 대한 토벌을 단행했다.

우선 1584년 3월 13일, 이에야스가 노부카쓰와 합류하여 3월 18일 고마키(小牧) 싸움에 승리하여 고마키를 확보했다(고마키 싸움). 이 시기 노부카쓰군은 4,800명, 이에야스군은 4,500명이었다. 이에 대응하여 히데요시는 3만 명의 군사를 이끌고 오사카성을 출발하여 3월 27일 고마키 부근에서 대치하면서 상대방의 움직임을 살폈다. 4월 4일 이케다 쓰네오키가 히데요시를 방문하여 병사를 미카와로 출정시켜 공격하면 이에야스는 고마키를 지키지 못할 것이라고 건의하였다. 이에 히데요시는 모리 나가요시(森長可) 등을 본대로 하고, 지대를 편성하여 6일 미카와 서부로 출정하도록 명령하였다. 이때의 군편성은 제1대 이케다 쓰네오키군 6,000명, 제2대 모리 나가요시군 3,000명, 제3대 호리 히데마사군 3,000명, 제4대 하시바 히데쓰구(羽柴秀次) 8,000명으로 총 2만 명이었다.

9일 미명에 이케다 쓰네오키군이 이와사키성(岩崎城)을 공격하여 약 3시간 만에 점령했다(이와사키성 싸움). 그사이 하시바 히데쓰구군을 중심으로 한 히데요시 측 군사는 현재 아사히시(旭市), 나가쿠테시(長久手市), 닛신시(日進市) 부근에서 휴식을 취하고 있었다. 이즈음 이에야스군은 이들의 배후에 있었다. 이와사키성 공격이 이루어지고 있을 즈음 이에야스 측이 햐쿠산바야시(白山林)에서 휴식을 취하고 있는 히데쓰구군을 후방과 측면에서 기습하여 괴멸시켰다. 히데쓰구는 자신의 말을 잃어버린 채 겨우 도망하였다.

히데쓰구보다 앞에 있던 호리 히데마사에게 히데쓰구의 패배 소식이 전해지자 호리는 바로 후퇴하여 히데쓰구의 패잔병과 함께 히노키가네(桧ヶ根)에 진을 치고 쫓아오는 이에

야스군을 기다렸다. 히데쓰구를 격파한 이에야스군은 히노 키가네 주변에서 호리군을 공격하였으나 오히려 추격당하는 꼴이 되었다. 노부카쓰·이에야스 본대는 9일 4시경 곤도 야마(権堂山) 부근을 지나 이로가네야마(色金山)에 도착하였다. 이곳에서 별동대의 패배소식을 접하고 야자코(岩作)를 통해 후지가네(富土ヶ根)로 진군하여 호리 히데마사군과 이케다 쓰네오키·모리 나가요시군 사이를 분단하였다. 이때 호리 히데마사는 이에야스의 마인(馬印)인 금선을 보고 전황이 불리하다고 판단하고는 이케다와 모리의 원군 요청을 무시하고 후퇴했다.

이와사키성을 점령한 이케다 쓰네오키와 모리 나가요시에게 이에야스군이 출정했다는 정보가 전해지자 이들도 후퇴하기 시작했다. 이즈음 이에야스는 후지가네(富土ヶ根)와 마에야마(前山)에 진을 쳤다. 우익에는 이에야스 자신이 3,300병사를 이끌고 좌익에 이이 나오마사(井伊直政)가 3,000병사를 지휘했다. 이에 오다 노부카쓰군의 3,000명이 가세했다. 한편 후퇴하여 이에야스 측에 대치하는 쓰네오키·모리군은 우익에 4,000명, 모리군은 좌익에 3,000명, 쓰네오키군은 후방에 2,000명을 배치했다. 4월 9일 양군은 오전 10시경부터 2시간여 격돌하면서 일진일퇴를 거듭하였다. 그런 가운데 모리 나가요시가 저격되어 사망한 즈음부터 전황은 이에야스 측에게 유리하게 흘러갔다. 이케다 쓰네오키도 군세를 재정비하려 하였으나 나가이 나오카쓰(永井直勝)의 창을 맞아 사망했다. 이케다 모토스케(池田元助)도 안도 나오쓰구(安藤直次)에게 살해되었고 이케다 데루마사(池田輝政)는 가신에게 아버지와 형이 이미 전장을 떠났다고 설득을 당해 전장을 이탈했다. 이미 쓰네오키·모리군은 궤멸하여 싸움은 이에야스군의 승리로 끝났고 이에야스는 고바타성(小幡城)으로 돌아왔다. 이 나가쿠테(長久手)의 싸움에서 히데요시 측은 2,500여 명, 오다·도쿠가와 측은 590여 명이 사망했다(나가쿠테 싸움).

이후 양 진영 사이에 소소한 싸움이 있었으나, 히데요시는 6월 28일 오사카성으로 돌아갔다. 이에 이에야스는 고마키야마성(小牧山城)을 사카이 다다쓰구(酒井忠次)에게 맡기고 기요스성으로 옮겨갔다. 이즈음 이즈미에서는 네고로·사이카슈 및 고가와데라(粉河寺)의 문도들이 히데요시가 오사카를 비운 틈을 노려 사카이와 오사카를 공격하였고 나카무라 가즈우지(中村一氏)와 마쓰우라 무네키요(松浦宗淸) 등이 이들 공격을 겨우 막아냈다. 이 공방으로 히데요시는 전장을 떠나 오사카성으로 자주 귀환해야만 했다.

북간토(北関東)에서는 5월 초순부터 8월에 걸쳐 호조군과 사타케씨(佐竹氏)·우쓰노미야씨(宇都宮氏)·사노씨(佐野氏)·

유라씨(由良氏)·나가오씨(長尾氏) 등이 싸웠다. 이러한 상황 속에서 우에스기씨는 당시 호조 측에 가담하고 있던 유라씨와 나가오씨를 설득하여 호조 측을 공격하게 했다. 전선은 고즈케(上野)·시모쓰케(下野) 양 지역 남단에서 동서로 길게 펼쳐졌다. 양 진영은 5월 초순 누마지리(沼尻)에서 4개월 가량 대치하였으나 이들 사이에 큰 싸움은 없었다.

이 시기 고마키·나가쿠테에서 싸움이 전개되고 있었다. 사타케씨·우쓰노미야씨는 히데요시에게 빈번히 연락을 취하고 우에스기 가게카쓰는 히데요시 명에 따라 시나노(信濃)로 출병하여 호조씨를 견제하였다. 호조씨는 전년부터 이에야스와 강화·동맹을 맺고 있었으며 대히데요시의 공수동맹을 맺고 있는 형세였다. 따라서 호조씨는 고마키·나가쿠테 싸움 직후 대히데요시 싸움에 참전하려는 움직임을 보였다.

한편 시코쿠에서는 6월 11일 조소카베 모토치카가 소고마사야스(十河存保)의 소고성(十河城)을 함락시키고 사누키를 평정하였다(제2차 소고성 싸움). 이에야스는 모토치카에게 도사·아와·사누키의 3지역을 주는 조건으로 도해하여 셋쓰나 하리마를 공격하라고 요구했다. 노부카쓰는 고소카베 지카야스(香宗我部親泰)에게 비젠을 준다고 하였다. 히데요시도 모토치카의 움직임을 꺼려 고마키에서 오사카로 돌아오기도 했다.

6월 16일 히데요시의 요청을 받은 다키가와 이치마스가 구키 요시타카의 수군과 함께 노부카쓰의 나가시마성과 이에야스가 있는 기요스성의 중간에 있는 가니에성(蟹江城), 시모이치바성(下市場城), 마에다성(前田城)을 함락시켰다. 이에 노부카쓰·이에야스가 즉시 대응하여 성들을 다시 탈환했으며 이치마스는 배를 타고 이세로 도망하였다(가니에성 합전). 히데요시가 전장에 없었기 때문에 대응이 늦어진 탓이었다. 히데요시는 하시바 히데나가(羽柴秀長), 니와 나가시게(丹羽長重), 호리 히데마사 등의 6만 2,000명의 병사를 집결시켜 7월 15일 오와리의 서쪽을 총공격하려 했다. 그러나 가니에성이 이에야스·노부카쓰 측에 함락되자 오와리 공격을 중지하였다.

이후에도 히데요시 측과 이에야스 측은 서로 대치하면서 싸웠으나 11월 12일 히데요시는 노부카쓰가 히데요시 측에 이가와 이세의 반을 할양하는 조건으로 강화를 청했다. 노부카쓰는 이를 수락하고 전선에서 이탈했다. 이에 명분을 잃은 이에야스는 11월 17일 미카와로 귀환하였다. 그 후 히데요시는 다키가와 가쓰토시(滝川雄利)를 하마마쓰성으로 파견하여 이에야스에게 화해를 청하였다. 이에 이에야스는 차남 유키 히데야스(結城秀康)를 히데요시의 양자로 오사카로 보내 히데요시와 화해하였다. 이리하여 고마키·나가쿠테 싸움은 막을 내렸다. 히데요시와 노부카쓰·이에야스가 각각 화해하였기 때문에, 사이카슈·네고로슈와 조소카베 모토치카는 고립되었다.

제5장 천하통일의 도정

기이 평정

1584년 10월 15일 히데요시는 종5위하 사코노에곤쇼쇼 (左近衛權少将)에 올라 관위에서 오다가를 능가하게 된다. 그리고 11월 21일 종3위 곤다이나곤(權大納言)에 서임되어 공경 반열에 올랐다. 이때 조정은 히데요시에게 쇼군 임관을 권했으나 히데요시가 거절하였다고도 하나 명확하지 않다. 이어 1585년 3월 10일 히데요시는 정2위 나이다이진(内大臣)에 서임되었고 후에 보는 시코쿠 정벌이 한창이던 7월 11일 고노에 사키히사(近衛前久)의 양자가 되어 율령제 최고위직인 간파쿠에 오른다.

한편 혼노지의 변으로 사이카슈의 내부 역관계가 일변하였다. 혼노지의 변 소식이 1582년 6월 3일 아침 사카이를 통해 사이카슈에게 전해지자 4일 아침 반오다파의 사이카슈가 봉기하였고 네고로지(根來寺)와도 협력하게 된다. 한편 1583년 11월 히데요시는 약 5,000의 병사를 기시와다성으로 들여보내 기이 정세에 대비하게 했다. 이에 대항하는 네고로·사이카슈는 하타케야마 사다마사(畠山貞政)를 명목상의 맹주로 세워 히데요시에 대항했다.

싸움은 1584년 1월 1일 기이군의 기시와다성 공격으로 시작되었고 22일 기이군은 두 부대로 나뉘어 한 부대는 기시와다성을 공격하였고, 또 한 부대는 사카이를 점령하였다. 26일 스미요시(住吉)와 덴노지(天王寺)로 진출하여 오사카성도 공격하였다. 그러나 기이군이 오사카성를 점령하지는 못하였다. 이 시기 네고로·사이카슈는 시코쿠의 조소카베씨와도 연락을 취하고 있었고 이에야스에게 사자를 보내 충성을 맹세했다고 하나 분명하지는 않다.

1584년 11월 고마키·나가쿠테 싸움이 정리되자, 히데요시는 반히데요시 측의 일각을 이루었던 기이에 대한 공격을 본격화했다. 히데요시는 1585년 2월 고바야카와 다카카게에게 모리 수군을 기시와다에 파견하도록 명했고 다카카게는

3월 1일 수군을 이끌고 출정하였다. 3월 9일 히데요시는 가이즈카(貝塚) 사내(寺内)에 금제(禁制)를 내려 안전을 보장하고 정실의 시녀 고조스(孝蔵主)를 가이즈카 혼간지(本願寺)에 파견하여 우의를 다졌다. 그리고 3월 상순 히데요시는 네고로지에 모쿠지키 오고(木食応其)를 파견하여 사령 일부를 반환하는 조건으로 화해할 것을 제안했다. 이 제안을 받은 네고로슈 사이에 의견이 분분하였으나 화해 반대자가 밤중에 오고 숙사를 급습하여 왔다. 그러고는 급히 교토로 돌아갔고 화해는 결렬되었다.

마침내 히데요시의 기이 침공이 개시되었다. 히데요시군은 히데요시 스스로가 이끄는 10만 명과 하시바 히데쓰구가 이끄는 선봉대 3만 명은 해안대와 내륙대로 나뉘어 23단(段)으로 포진했다. 게다가 고니시 유키나가(小西行長)가 다수의 수군을 이끌고 참전하여 수륙 양 방면에서 네고로·사이카슈를 공격했다. 이에 대항하여 네고로·사이카슈는 사와(沢)·샤쿠젠지(積善寺)·하타케나카(畠中)·센고쿠보리(千石堀) 등 이즈미 남부 성들에 총 9,000여 명의 병사를 배치하였다.

3월 21일 히데요시 선봉대들이 센난성(泉南城) 성채에 접근하였다. 히데요시는 나카무라 가즈우지(中村一氏)의 건의를 받아들여 기이에서 방위선 동쪽에서 제일 견고한 센고쿠보리성(千石堀城)을 공격하게 했다. 센고쿠보리성은 활의 명수 오타니 사다이니호인(大谷左大仁法印)이 성주로 있었고 철포로 무장한 1,400~1,500정병과 부녀자 등 비전투원 4,000~5,000여 명이 지키고 있었다. 센고쿠보리성 공격대장은 히데쓰구였고 부장들의 1만 8,000명의 군사를 합해 총 4만 8,000명이 센고쿠보리성의 공격에 참가했다.

싸움은 21일 저녁부터 다음날 새벽까지 이어졌다. 기이군의 저항은 거셌고 해자는 깊고 혼마루(本丸)로 연결된 다리도 끊어져 히데요시 측은 성을 쉽게 함락시키지 못했다. 이 혼마루 공격에 히데쓰구군 1,000명이 사망하였다. 이때 쓰쓰이 준케이(筒井順慶) 부대(8,000명)가 쏜 불화살로 성곽이 불타고 화약 상자에 불이 붙어 대폭발이 일어났다. 이를 계기로 히데쓰구군이 공격하여 성내에 있던 네고로슈를 격파하고 함락시킨 후에 성을 불태웠다. 이때 히데요시는 사람·동물 할 것 없이 모두 살해하라고 엄명해 성내에 있던 전투원·비전투원은 물론 말·개·고양이 등 살아 있는 모든 생명체를 참살했다고 한다.

21일 저녁 기이세 방위선의 중심인 샤쿠젠지성(積善寺城)에서도 전투가 시작되었다. 오구리가도(小栗街道)에 연접한 샤쿠젠지성은 9,500명의 병사가, 사와성(沢城)도 6,000명의 병사가 수비하고 있었고 이 성들도 네고로슈·사이카슈의 철포대가 주둔하고 있는 견고한 성이었다. 이 샤쿠젠지성을 지키는 네고로슈를 히데요시 측 부장들이 공격하였으나 샤쿠젠지성을 함락시키지는 못했다. 그리고 전선 서쪽에 있는 사와성을 공격하였으나 역시 함락시키지는 못했다. 이러한 상황에서 히데요시는 22일 샤쿠젠지성, 23일 사와성과 화해하였고 네고로슈와 사이카슈는 영지로 돌아갔다.

3월 23일 이즈미를 제압한 히데요시는 기시와다성을 출발하여 네고로지로 향했다. 네고로슈의 주요 병력이 이즈미 전선에 출정해 있었기 때문에 네고로지는 히데요시군에 대항할 만한 군사가 없었고, 남아 있던 승려들은 도망하였다. 때문에 히데요시 측은 네고로지를 거의 저항 없이 제압하였다. 히데요시는 그날 밤 네고로지의 본당, 다보탑과 남대문 등 일부를 제외한 모든 가람을 불태워버렸다. 네고로지는 3일 동안 불탔다.

이때 사이카슈 잔당들은 오타성(太田城)에서 농성하고 있었다. 이에 히데요시 본대가 오타성을 공격하였다. 한편 히데요시는 별동대를 기이 남부에 파견하여, 이 지역의 성들을 공략하였고 3월 23, 24일경 히데요시군은 히다카군(日高郡)으로 침입하여 유카와령(湯川領)을 침공했다. 유카와 일당은 퇴각하여 류진산성(龍神山城)을 거쳐 구마노(熊野)로 향했다. 다나베(田辺)에 도착한 히데요시군 3,000여 명은 이 지역의 신사(神社)와 불각(仏閣)을 모두 불태우고 소령(所領)을 몰수했다. 구마노 지역의 무로군(牟婁郡)에서는 야마모토씨(山本氏)가 유카와씨에 동조하여 철저히 히데요시군에 항전했다. 그러나 압도적인 군사력 앞에 기이는 차례로 히데요시 측에게 항복할 수밖에 없었다.

4월 10일 히데요시는 고야산(高野山)에 사자를 파견하여 항복을 권유하고 확대한 영지의 반을 포기하고 무장을 해제하고 모반인을 숨겨주지 말라는 조건을 받아들이지 않는다면 고야산을 모조리 불태우겠다고 위협하였다. 이에 고야산 승려들은 회의를 열어 위 조건을 모두 받아들인다고 결정하였다. 결국 고야산 측은 16일 객승 모쿠지키 오고에게 고야의 중보인 사가천황(嵯峨天皇)의 신한(宸翰: 천황의 자필문서)과 구카이(空海)의 수인(手印) 문서를 지참시켜 미야고(宮鄕)에 주둔하고 있는 히데요시에게 보냈다. 히데요시는 고야산 측의 의사를 받아들이고 이로써 고야산 존속은 보증되었다. 그 후 10월 23일까지 고야산의 무장해제가 완료되었다.

그 결과 고야산은 다이코검지(太閤檢地) 종료 후인 1591년 1만 석의 소령 지배가 결정되었고 모쿠지키 오고는 1,000석을 받았다. 1592년 히데요시의 어머니 오만도코로(大政所)의 추도를 맞이하여 데이하쓰지(剃髮寺: 현재의 金剛峯寺)를 건립할 때 히데요시에게서 1만 석을 기증받아 고야산은 총 2만 1,000석을 영유하게 된다. 이는 막번체제 아래서도 인정되었다.

사이카노쇼(雜賀莊)는 히데요시군에 점령되었으나 재지무사 등 5,000명이 니치젠(日前)의 구니카카스신궁(国懸神宮)에 가까운 미야고(宮郷)의 오타성(太田城)에서 농성하고 있었다. 3월 25일 히데요시 측이 성을 방문하여 항복을 권유하였으나 오타성 측은 이를 거부했다. 오타성 말고도 사이카에서는 여러 성들이 계속 히데요시에게 저항하고 있었다.

히데요시는 자신을 총대장으로 하고, 히데나가와 히데쓰구를 부장으로 하여 그 밑에 여러 장수들의 부대를 편성했다. 히데요시는 3월 28일부터 수공(水攻)을 위해 오타성에서 300미터 떨어져 있는 지역에 전장 7.2킬로미터, 높이 7미터 (제방 높이 3~5미터, 길이 6킬로미터, 폭 30미터라고도 함)의 제방을 쌓기 시작했다. 4월 5일까지 제방이 완성되어 저수가 시작되었다. 마침 4월 3일부터 수일간 큰비가 내려 수량이 불어났다. 그리하여 성은 물 위에 떠 있는 듯이 보였다.

한편 오타성 북동쪽에는 이전부터 치수와 방어를 위한 제방이 있었다. 오타성 농성이 시작되자 성 측에서도 이 제방을 더욱 보강하여 성의 침수를 막으려 했다.

히데요시군은 오타성에서 북쪽으로 1킬로미터 정도 떨어진 구로다(黑田)에 본진을 쳤다. 히데요시군의 나카가와 도효에(中川藤兵衛)는 물로 둘러싸인 오타성을 아타케선(安宅

船) 13척으로 공격하였다. 오타성 측은 수영을 잘하는 병사들을 뽑아 배 밑을 뚫어 침몰시켰다. 그리고 오타성 측은 다가오는 공격군을 철포로 공격하였다. 4월 8일 제방을 갈라 오타성의 성내가 침수하자 오타성 측은 대혼란에 빠졌다. 그런데 수압 변화가 생기자 9일 역으로 수공을 위해 쌓은 제방 일부가 붕괴되어 우키타 히데이에군의 다수가 익사하였다. 이 붕괴된 제방을 히데요시는 13일까지 복구하였다고 한다.

히데요시는 당초 수공으로 수일 내에 오타성 측의 항복을 받을 것이라 생각했다. 그러나 농성 측의 저항이 의외로 강하였다. 4월 21일 고니시 유키나가의 수군과 오타성의 병사가 싸웠으나 결국 농성 측은 항전을 단념하였고 22일 항복하였다. 히데요시는 잡병·농민을 사면하고 무기는 몰수했다. 이들에게 농구와 가재 등을 가지고 고향으로 돌아가도록 하였다. 이것은 히데요시가 병농분리(兵農分離)를 의도한 최초의 무기몰수령(刀狩令)이라 할 수 있다.

히다카·무로군 일부에서는 여전히 저항이 있었으나 대부분 지역은 히데요시군에게 제압되었다. 그리고 기이를 하시바 히데나가의 영국(領國)으로 하고, 와카야마성(和歌山城)의 조다이(城代)로 구와야마 시게하루를 임명하였다. 히데나가에 의한 덴쇼검지(天正檢地)는 1585년 윤8월에 시작되었고 1587년 가을 이후에 본격화한다.

4월 말 유카와 나오하루(湯河直春)가 반격에 나섰기 때문에 시코쿠 평정군 일부가 기이로 향했다. 9월 24일 에노키토게(榎峠)에서 유카와군은 패하고 나오하루는 야마나카(山中)로 들어갔다. 그러나 9월 말 나오하루가 다시 공세를 취하면서 토벌을 맡은 히데요시 측은 고전을 면치 못했다. 결국 히데요시는 유카와씨 등을 완전히 토벌하지 못한 채 화해를 맺어 유카와씨 등에게 본령을 안치시켰다. 그러나 1586년 유카와 나오하루가 사망했는데 그의 죽음에 대해서는 독살설, 병사설 등이 있다.

시코쿠 평정과 엣추 정벌

시코쿠 평정

히데요시는 노부카쓰·이에야스와의 대결에서 배후를 위협하는 시코쿠의 조소카베 모토치카를 공격하려고 생각하고 있었으나 모토치카는 히데요시와의 화해를 모색했다. 『나가모토키(長元記)』에 따르면 1583년 모토치카는 히데요시에게 진귀한 물품을 보내 화해를 시도하였다. 그러나 히데요시가 사누키·이요 반환을 요구하였고 모토치카는 이요만 반환하려 하였다. 이로 말미암아 양자의 교섭이 결렬되었다.

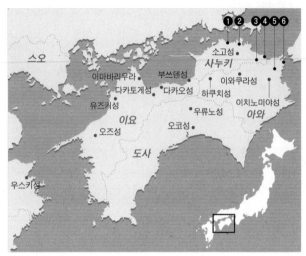

① 고자이성 ② 기오카성 ③ 도라마루성 ④ 히케타성 ⑤ 쇼즈이성 ⑥ 도마리성
시코쿠 지역도

　한편 오마키·나가쿠테 싸움이 종료되어 상황이 변화하자 모리씨와 조소카베씨의 이요를 둘러싼 대립이 심화되었다. 이에 히데요시는 모리씨에게 이요·도사를 준다고 시사하기도 했다. 하지만 그렇게 되면 모리씨 세력이 너무 강해질 것으로 생각하여 도사는 조소카베씨에게 준다고도 하여 두세 번에 걸쳐 방침이 오락가락하였다. 이런 연유로 히데요시와 조소카베·모리와의 교섭이 실패하자 히데요시는 자신이 요구한 사누키·아와 반환과 모리씨가 요구하는 이요 할양을

실현하고자 하였다. 이것이 히데요시의 시코쿠 평정으로 나타났던 것이다.

1585년 5월 4일 히데요시는 구로다 요시타카를 시코쿠 공격의 선봉으로 삼아 아와지로 출격할 것을 명하였다. 6월 히데요시는 시코쿠 출정을 결정하고, 아와지에서 아와로, 비젠에서 사누키로, 아키(安芸)에서 이요로 3방면에서 시코쿠로 진군할 것을 명했다.

히데요시는 6월 3일 시코쿠로 출진할 예정하였으나, 엣추에 삿사 나리마사가 아직 건재할 뿐만 아니라 히데요시 자신이 병을 얻어 출정을 포기하였다. 대신 6월 16일 히데요시는 동생 하시바 히데나가를 총대장으로, 조카 히데쓰구를 부장으로 하여 시코쿠를 침공하게 했다.

모토치카는 봄부터 히데요시 침공에 대비하여 도사군 6,000명을 포함한 2만에서 4만의 군세를 동원하였다. 모토치카는 5월 시코쿠의 4개의 지역과 연락을 취할 수 있는 아와 서단의 하쿠치성(白地城)에 본진을 설치하고 전군을 지휘했다. 그리고 히데요시군이 아와 방면으로 침공할 것이라 예상하여 아와 지역 성들에 중신들을 배치하여 방어태세를 군건히 했다. 이러한 대립이 한창이던 7월 히데요시는 간파쿠(関白)에 취임했다. 그리하여 이후 시코쿠 공격은 천하평정 싸움의 일환으로 윤색된다.

우키타 히데이에가 이끄는 군사에 하치스카 마사카쓰(蜂須賀正勝)·구로다 요시타카, 센고쿠 히데히사군도 가세한 총 2만 3,000명(1만 5,000명이라고도 함)의 군사가 야시마(屋島)로 상륙하여 조소카베 측의 다카마쓰성(高松城)·고자이성(香西城)·무레성(牟礼城)을 공략했다. 그러나 우에다성(植田城)은 견고하였기 때문에 요시타카는 우에다성을 방치한 채로 아와 공격을 우선하자고 주장하였다. 이에 우키타 히데이에는 오사카고에를 넘어 아와로 들어가 히데나가군과 합류하고자 했다. 이것은 우에다성을 히데요시군 침입의 중요거점으로 본 모토치카의 방어 전략이 실패했음을 보여준다.

모리 데루모토 휘하 군세는 3만~4만 명(2만 5,000명이라고도 함)에 달했다. 데루모토군 제1군이 6월 27일, 제2군이 7월 5일 이마바리우라(今治浦) 혹은 신마(新間, 新麻, 新居浜)로 상륙했다. 이마바리우라로 상륙한 고바야카와 다카카게는 1585년 7월 마루야마성(丸山城)을 필두로 이 지역의 성들을 모두 함락시켰다. 모리군은 더욱 동진하여 부쓰덴성(仏殿城)을 공격하였다. 이러한 상황 속에서 25일 모토치카가 항복하여 화해를 하였다. 이즈음 남이요의 조소카베군도 철수하였다. 동이요를 제압한 모리군은 서쪽으로 진로를 바꾸어, 도고(道後) 평야에 이르러 8월 말 유즈키성(湯築城)을 제압하고 이어 기타군(喜多郡)을 공격하였다. 그리하여 이요 지역은 모리군에게 완전히 제압되었다.

하시바 히데나가가 이끄는 군세 3만 명과 하시바 히데쓰구가 이끄는 군세 3만 명도 후쿠라(福良)에서 합류하여 아와의 도사도마리(土佐泊)로 상륙했다. 이에 대항하는 조소카베 측은 기즈성(木津城), 우시키성(牛岐城), 이노야마성(渭山城), 이치노미야성(一宮城), 이와쿠라성(岩倉城), 와키성(脇城)에 군사를 배치했다.

히데나가군은 아와 상륙 후에 기즈성에서 식수를 공급하는 수로를 차단하여 기즈성을 함락시켰다. 이 싸움은 양군이 주력을 투입한 싸움이었으나 전력을 이요·사누키로 분산하여야 했던 조소카베 측이 열세였다. 기즈성의 함락 소식이 전해지자 우시키성과 이노야마성의 병사들은 성을 버리고 도망하였다. 이제 조소카베 측의 남은 거점은 이치노미야·이와쿠라·와키(脇) 세 성뿐이었다.

이즈음 히데요시는 스스로 출정할 의사를 내비치고 7월 3일에는 그 선봉대가 아와지에 이르렀다. 그러나 히데나가가 히데요시의 출정을 말리자 스스로 이치노미야성 공격을 지휘하고 히데쓰구에게 와키·이와쿠라성 공격을 맡겼다.

이치노미야성을 지키는 9,000명(또는 5,000명)의 병사는 선전하였으나 이치노미야성은 5만 명의 히데나가 측이 병량 보급선을 끊었고 수원도 끊겼기 때문에 7월 중순 이치노미야성은 함락될 수밖에 없었다. 전후로 와키·이와쿠라성도 함락되었다. 그리하여 동쪽 히데나가·히데쓰구군과 서쪽 모리군에게 모토치카의 하쿠치성(白地城)이 협격당하는 형세가 되었다.

히데나가군이 사누키로 침공하자 조소카베 지카타케(長宗我部親武)는 소고성에서 철수하였다. 이에 센고쿠 히데히사가 사누키를 지배하게 되고 소고 마사유키(十河存之)는 소고성으로 복귀되었다. 그러나 1586년 소고 마사유키는 시마즈씨(島津氏)와의 분고(豊後) 헤쓰기가와(戸次川) 싸움에서 사망하였다.

사태가 이에 이르렀지만 모토치카는 결사 항전을 해보지도 못하고 항복하는 것은 치욕이라 했다. 그러면서 도사까지 공격받는다 해도 철저히 항전하자고 말했다. 그러나 모토치카는 중신들의 설득으로 7월 25일 히데나가의 정전 조건을 받아들여 항복했다. 화해조건은 조소카베씨에게 도사 한 지역만 양도하고 히데요시에게 조소카베가의 당주가 매회 병사 3,000명을 이끌고 군역에 종사할 것, 히데요시에게 인질을 제공할 것, 마지막으로 이에야스와 동맹을 맺지 말 것 등이었다. 그리하여 조소카베씨는 아와·사누키·이요를 히데요시 측에 넘겼다. 그리하여 이요는 모리씨 휘하의 다이묘들이, 사누키·아와·아와지는 히데요시 수하의 다이묘들이 배치됐다.

엣추 정벌

1582년 혼노지의 변이 발생한 시기에 삿사 나리마사가
속한 호쿠리쿠 방면군은 우에스기군의 최후 거점인 우오즈
성(魚津城)을 3개월의 싸움 끝에 공략하였다(우오즈성 싸움).
혼노지의 변 소식이 전해진 이후 우에스기씨가 반격하였지
만 여러 장수들이 각자의 영지로 돌아가는 상황에서 나리마
사는 움직일 수가 없었다. 기요스회의에서 가쓰이에와 히데
요시가 대립할 때 나리마사는 가쓰이에 측에 가담하였다. 우
에스기군에 대항하고 있어서 움직일 수 없었던 나리마사는
시즈가타케 싸움에서는 가쓰이에 측을 지원했다. 그러나 나
리마사는 이 싸움에서 마에다 도시이에가 이반하고 우에스
기 가게카쓰의 압박도 있어서 히데요시에게 항복하였고 히
데요시는 나리마사에게 엣추를 주었다.

1584년 고마키·나가쿠테 싸움이 발생하자 나리마사는 여
름쯤에 이에야스-노부카쓰 측에 가담하여 히데요시 측에 선
도시이에 측의 스에모리성(末森城)을 공격하였다(스에모리성
싸움). 이 시기 나리마사는 에치고의 우에스기 가게카쓰와 적
대하면서 도시이에를 공격하고 있었다. 즉 나리마사는 두 방
면에서 동시에 작전을 수행하고 있었던 것이다. 따라서 나리

마사는 고전을 면하지 못하고 있었다. 그럼에도 나리마사는 히데요시와 노부카쓰 사이에 화해가 성립하고 이에야스가 싸움을 멈추자 엄동의 히다산맥(飛驒山脈)·다테야마산계(立山山系)를 넘어 하마마쓰로 가서는 이에야스에게 다시 거병을 촉구했다. 그러나 나리마사는 이에야스를 설득하는 데에 실패하였고 노부카쓰와 다키가와 이치마스에게서도 흔쾌한 답변을 얻지 못했다.

이러한 상황 속에서 히데요시는 1585년 7월 간파쿠(關白)에 취임하였고 시코쿠 정벌이 거의 완료된 8월부터 삿사 나리마사 토벌에 나섰다. 히데요시는 오다 노부카쓰를 총대장으로 하여 엣추 공격을 결단하였다. 8월 4일 오다 노부카쓰군이 교토를 출발하여 6일 가가의 도리고에(鳥越)에 포진하고 있던 선봉군이 삿사군과 교전하였다. 그리고 7일에는 히데요시 스스로 대군을 이끌고 교토를 출발하였다. 이에 대항하여 나리마사는 엣추 내 36개 성채에서 병사를 철수시켜 도야마성(富山城)에 집중 배치하여 히데요시의 공격에 대비했다. 8월 19일 7만 명(10만 명이라고도 함)의 히데요시군은 가가의 쓰바타(津幡)에서 엣추로 들어가 총공격을 개시하여 엣추 요소요소를 불태우고 도야마성을 포위했다. 에치고의 우에스기 가게카쓰도 히데요시군에 호응하여 군사를 내어 엣추 경계까지 출격했다. 나리마사와 동맹자였던 히다(飛驒)의 아네노코지 요리쓰나(姉小路賴綱)도 가나모리 나가치카(金森長近)가 이끄는 별동대에 평정되어 마사나라는 고립무원 상태에 빠져버렸다.

그러나 도야마성은 진즈가와(神通川)의 물을 끌어들인 '부성(浮城)'이란 이름을 가진 성으로 공격하기 어려운 성이었다. 히데요시는 수공으로 도야마성을 공략하려 하였다 한다. 그런데 이때 폭풍우가 몰아쳐 야영하던 히데요시군에게 큰 피해가 발생했다. 그러나 나리마사는 히데요시군에 대항하기에는 중과부적이라 판단하였다. 그래서 나리마사는 8월 26일 오다 노부카쓰를 통해 히데요시에게 항복의 뜻을 밝히고 구리카라토게(倶利伽羅峠)에 진을 치고 있던 히데요시를 방문하였다. 이때 나리마사는 삭발하고 가사를 걸쳐 히데요시에게 공순의 뜻을 표했다고 한다. 히데요시는 나리마사를 용서하였고 처자와 함께 오사카로 가게 하였다. 그 후 나리마사에게 엣추의 니카와군(新川郡)을 주고 나머지 영지는 몰수하였다. 오사카로 온 나리마사를 히데요시는 이야기 상대 역할을 하는 오토기슈(御伽衆)로 명하고 나중에 규슈의 히고(肥後)에로 이봉하였다.

나리마사의 항복 후인 윤8월 1일 히데요시는 도야마성으로 들어가 우에스기 가게카쓰에게 회담을 요청하였다. 그러나 가게카쓰가 응하지 않았기 때문에 5일 도야마성을 깨뜨

려버리고 엣추를 떠났다. 이로써 약 50일간의 삿사 나리마사 정벌은 끝났다. 이 싸움 후 히데요시는 마에다 도시이에에게 가가·노토·엣추의 지배를 맡겼다. 그리고 후에 삿사 마사나리가 히고로 이봉되자 니카와군도 마에다가(前田家)의 영지가 되었다.

이리하여 히데요시는 고마키·나가쿠테 싸움에서 반히데요시 세력에 가담했던 세력들, 기이의 잇코잇키, 시코쿠의 조소카베씨, 엣추의 삿사 나리마사 등을 모두 제압하였다. 사실상 히데요시에게 직접 대항하는 세력은 없었다. 다만 히데요시의 영향력이 약한 지역에 있는 다이묘, 규슈의 시마즈씨, 도호쿠(東北) 지역의 다테씨(伊達氏), 잠재적인 적으로 도쿠가와 이에야스와 호조씨, 모리씨 등이 있을 뿐이었다. 이들은 히데요시 권력의 동향에 따라 주변지역 영주들을 규합하여 언제든지 히데요시에 반기를 들 가능성이 있었다. 그리고 히데요시에 종속한 다이묘라도 상황에 따라 히데요시를 이반할 가능성도 여전히 존재했다. 특히 아키를 중심으로 거대한 세력을 형성하고 있던 모리씨는 동쪽의 도쿠가와씨, 호조씨와 더불어 최대의 잠재 적대 세력으로 존재하였으나 표면상 히데요시 측의 최대 협력자로 위치하고 있었다.

이렇게 호쿠리쿠 지역의 안정을 확보한 후 1586년 9월 9일 히데요시는 오기마치 천황(正親町天皇)에게서 도요토미

(豊臣)라는 성을 하사받고 12월 25일 율령이 규정한 최고지위 다조다이진(太政大臣)에 취임했다. 이로써 히데요시는 오다 정권의 그늘에서 완전히 벗어나 명실상부한 도요토미 정권을 수립하였다.

규슈 평정

시마즈씨와 모리씨의 대결

시마즈씨가 규슈를 석권해가는 시기에 1586년 4월 15일 히데요시는 모리 데루모토에게 규슈 평정의 선도 역할을 명하고 8월 6일 모리씨에게 사자를 보내 규슈 출정을 독촉했다. 그리하여 8월 16일 데루모토 자신이 아키에서, 8월 말 고바야카와 다카카게가 이요에서, 깃카와 모토하루가 이즈모(出雲)에서 각각 규슈를 향해 출정하였다.

8월 26일 모리의 선봉대 3,000명이 부젠(豊前)의 모지성(門司城)을 나와 시마즈 측 부젠의 고쿠라성(小倉城)을 공략하려 진군하였으나 오사토(大里) 주변에 잠복하고 있던 시마즈군을 만나 고전하였다.

시마즈 측은 히데요시 측과의 첫 교전에서 일단 방어에 성공하였으나 모리군의 출정으로 서쪽에서 지쿠젠(筑前)을

규슈 지역도

공략하여 지배를 확대하려던 계획을 변경해야만 했다. 9월 히데요시의 명으로 소고·조소카베씨도 분고(豊後)로 출정하여 오토모씨(大友氏)와 합류했다. 히데요시의 시마즈 토벌군은 10월까지 북규슈 일대의 성들을 공략하였다.

사태가 이에 이르자 사마즈 요시히사(島津義久)는 동규슈로 진군하여 오토모 소린(大友宗麟)의 본거지인 분고를 직접 공격하여 자웅을 결정하는 방침으로 전환했다. 그리하여 10월 22일 요시히사는 동생 시마즈 요시히로(島津義弘)를 대장으로 한 3만여 대군을 히고의 아소(阿蘇)에서 규슈의 산지를 넘어 분고로 침공하게 했다. 그러나 오카성(岡城)의 성주인 시가 지카쓰구(志賀親次)가 격렬히 저항하면서 시마즈군은 고전하였고 이에 따라 전황은 교착상태에 빠졌다.

한편 모리군의 깃카와 모토하루, 고바야카와 다카카게가 시마즈씨에 대한 공세를 강화하였다. 공세를 벌이던 도중 모토하루는 병사했으나 깃키와군은 가와라타케성(香春岳城)을 20일에 걸쳐 공격하여 12월 상순 함락시켰다. 이로써 부젠은 거의 히데요시 측에 속하게 되었고 분고 전선만 남게 되었다.

12월 1일 히데요시는 "내년(1587년) 3월을 기해 스스로 시마즈씨를 정벌할 것"이라 포고하고 약 37개 지역(國)에 총 20만 병사를 오사카로 집결시키라고 명하였다. 그리고 30만 명의 1년분 병량미와 군마 2만 필의 사료를 조달하도록 하였다. 또한 선박을 징발하여 병량 10만 석을 아카마가세키

(赤間関)로 수송하도록 명했다.

분고의 쓰루가성(鶴賀城)은 소린의 중신인 도시미쓰 소교(利光宗魚)의 거성으로, 소린의 두 거성인 후나이(府内)의 우에노하라야카타(上原館)와 우스키성(丹生島城, 臼杵城)을 잇는 요충지였다. 당시 소교는 히젠(肥前)으로 출정하고 있어서 쓰루가성은 700명 정도가 지키고 있었다. 11월 시마즈 이에히사(島津家久)는 소교인 적자 도시미쓰 무네히사(利光統久)가 지키고 있는 쓰루가성을 공격했으나 도시미쓰군은 완강히 저항하였다. 이에히사는 쓰루가성을 후나이 공격의 거점으로 하기 위해 밤낮없이 공격을 퍼부었고 이 공격으로 소교는 화살에 맞아 전사했다. 이때 후나이성(府内城)에는 조소카베 모토치카·소고 마사야스 그리고 군감(軍監) 입장에 있는 센고쿠 히데히사 등 시코쿠 군사 6,000명이 주둔하고 있었고, 오토모씨 병력을 합하면 군사는 총 1만을 상회하였다. 시코쿠 측은 지구전을 생각하여 시마즈 측을 움직이지 못하도록 하라는 지시를 받고 있었으나 도시미쓰 소교의 사망으로 후나이가 이에히사·요시히로군에게 양 방향에서 협격당할 위험에 처하였다.

이에 히데히사와 조소카베 노부치카(長宗我部信親)가 이에히사군을 헤쓰기가와(戸次川)에 묶어두기 위해 12월 12일 헤쓰기가와에 진을 쳤다. 전략회의에서 센고쿠 히데히사는 강을 건너 공격해야 한다고 주장하였으나 조소카베 모토치카는 군사를 강화한 후에 싸워야 한다고 주장하였다. 그러나 센고쿠 히데히사는 조소카베 모토치카의 의견에 반대하고 소고 마사야스도 센고쿠 히데히사의 주장에 동조하였다. 그리하여 헤쓰기가와를 건너 출정하기로 하였다.

한편 이에히사는 쓰루가성 포위를 풀고 퇴각하여 사카하라잔(坂原山)에 진을 쳤다, 이에히사군 병력은 1만 8,000명으로 늘어났다. 양군은 12월 12일 저녁부터 13일에 걸쳐 교전하였다. 시마즈군이 잠복하면서 강을 건너는 히데히사군을 급습하였고 허를 찔린 히데히사가 패주하였다. 때문에 조소카베 3,000병이 신노 다이젠노스케(新納大膳亮)가 이끄는 5,000병과 싸우는 상황이 되었다. 모토치카와 노부치카는 난전 속에서 서로 헤어지게 되었고, 모토치카는 도망하여 이요의 히부리시마(日振島)로 퇴각했다. 노부치카는 나카쓰루(中津留), 가와바루(川原)에 머물다가 22세의 젊은 나이로 살해되었다. 노부치카를 따르던 700명도 사망하였고 소고 마사야스도 전사하였다. 마침내 쓰루가성도 이에히사군에게 함락되었다. 이 싸움에서 시코쿠 측 6,000명 중 2,000명이 사망하였다. 히데요시는 히데히사의 패전에 분노하여 영지인 사누키를 몰수하여 비토 도모노부(尾藤知宣)에게 주었다.

승기를 잡은 이에히사는 가가미성(鏡城)과 오타케성(小岳

城)을 함락시키고 북상하여 12월 13일 후나이성을 함락시켰다. 오토모 요시무네(大友義統)는 싸움을 피해 북쪽 부젠 경계에 가까운 다카사키산성(高崎山城)까지 도망하여 모리 데루모토와 군감 구로다 요시타카에게 원군을 요청하였다. 이에히사는 은거한 오토모 소린이 지키는 우스키성을 포위했다. 소린은 포르투갈에서 수입한 불랑기포를 사용하여 우스키성을 지켰다. 그 후 북상하는 시마즈군은 기쓰키성(杵築城)를 공격하였으나 실패하였다. 분고 남부에서는 사에키 고레사다(佐伯惟定)가 시마즈 측에게 빼앗긴 성들을 탈환하여 후방을 차단하였다. 그리고 시가 지카쓰구(志賀親次)가 요시히로군을 수차례 격파하였다.

히고의 아소에서 분고로 들어온 시마즈 요시히로군은 12월 14일 분고의 야마노성(山野城)으로 이동하여 그곳에서 겨울을 났다. 이에히사는 분고의 후나이성에서, 당주인 시마즈 요시히사는 휴가(日向)의 시오미성(塩見城)에서 각각 세모(歲暮)를 보냈다.

이에히사는 우스키성의 공격과 함께 그 지성인 쓰루사키성(鶴崎城)을 공략하게 했다. 쓰루사키성은 요시오카 무네마스(吉岡統增)의 어머니인 묘린니(妙林尼)라는 여승이 지키고 있었다. 그런데 묘린니는 함정을 파고 기책을 써서 16번에 걸친 시마즈군의 공격을 막아내어 시마즈군에게 많은 피해를 입혔다. 그러나 식량이 다하여 시마즈군의 화해 요청에 응했고 성민들의 안전을 보장하는 조건으로 쓰루사키성의 문을 열 수밖에 없었다.

한편 히데요시는 전년 말 이에야스를 상경시켜 신종하게 하였고 기나이 대군을 규슈로 파견하였다. 때문에 시마즈군은 철수하고자 했으나, 묘린니는 반격의 기회를 잡아 시마즈군이 오토즈가와(乙津川) 주변에 도달하자마자 기습하였다. 이 기습으로 시마즈 측은 많은 피해를 입었다.

히데요시의 규슈 원정

1587년 원단 히데요시는 연하 자리에서 다이묘들에게 규슈 침공의 역할을 명했다. 이후 1월 25일 우키타 히데이에를 시작으로 2월 10일에는 동생 히데나가(秀長), 3월 1일에는 히데요시 자신도 출정했다. 히데요시는 스스로 히고 방면군을 이끌고 휴가 방면군은 도요토미 히데나가가 이끌어 히데요시의 규슈 원정군은 총합 20만 명이 되었다.

3월 도요토미 히데나가군은 부젠의 고쿠라(小倉)에 선착해 있던 모리 데루모토와 산요(山陽)·산인(山陰)군과 합류하여 히데나가군은 총 10만 명에 이르렀다. 이에 앞서 시마즈군의 침입을 견뎌냈던 시가 지카쓰구와 사에키 고레사다, 묘린니 등이 가세하였고 부젠·분고의 토호 등은 시마즈씨를 이반하여 히데요시 측에 귀순하였다. 그리고 히젠의 류조지 마사이에(龍造寺政家)와 나베시마 나오시게(鍋島直茂)도 히데요시에게 귀순했다.

시마즈 요시히사는 압도적 병력 차이를 고려하여 전선을 축소하였다. 이에히사는 후나이에서 후방에 있는 분고의 마쓰오성(松尾城)으로 퇴각하였고 시마즈 요시히로를 후나이로 들여보내 수비를 강화하였다. 히데요시는 고야산 승려 모쿠지키 오고와 잇시키 아키히데(一色昭秀)를 파견하여 요시히로에게 화해를 권유하였다. 그러나 요시히로는 이에 응하지 않았다.

시마즈 측은 휴가 경계부근의 아사히다케성(朝日嶽城)이 함락되어 전황이 불리하였다. 이에 요시히로는 3월 15일 야반에 후나이성을 탈출하여 분고 마쓰오성의 이에히사와 합류하여 분고에서 철수했다. 이 철수하는 시마즈군을 오토모군이 추격하였다. 이 추격전으로 시마즈군은 많은 피해를 입으면서 휴가까지 퇴각했다.

한편 3월 1일 오사카를 출발하여 산요도(山陽道)를 유유히 지나 3월 25일 아카마가세키(赤間関)에 도착한 히데요시는 서규슈의 지쿠젠·히고를 거쳐 사쓰마(薩摩)로 향하고 히데나가는 동규슈의 분고·휴가를 거쳐 사쓰마로 향한다고 결정했다. 히데요시는 간자쿠성(岩石城)이 견고하다고 보아 간자쿠성에 군사를 주둔시켰고 고쇼산성(古処山城)을 공격하여 함락시켰다. 그 후 히데요시는 류조지씨(龍造寺氏), 아리마씨(有馬氏) 등의 다이묘와 토호들을 귀순시키면서 사쓰마를 향해 진군했고, 다카다(高田)에 진주하고 있던 시마즈 다다토키(島津忠辰)도 사쓰마의 이즈미(出水)로 퇴각했다.

한편 3월 하순 도요토미 히데나가가 휴가로 침공하여 3월 29일 휴가 북부의 요충지 마쓰오성을 함락시켰고 휴가 남부의 요충지인 다카성(高城)을 포위했다. 다카성은 견고하였고 다카성의 수장은 시마즈군 제일의 용장 야마다 아리노부(山田有信)였기 때문에 히데나가의 대군도 쉽게 다카성을 함락할 수는 없었다.

한편 요시히사는 히데요시군이 서쪽에서 남하하여 오는 것을 알고 당황했다. 요시히사는 히데나가군에 대비해 사쓰마·오스미(大隅) 등의 군사 대부분을 휴가의 도노코오리성(都於郡城)에 집결시켰던 것이다. 때문에 규슈 서쪽 지역 수비가 상대적으로 취약했다. 그리하여 요시히사는 다카성을 포위한 히데나가군과 일전을 겨루고자 했다. 4월 17일 야밤 시마즈군은 도요토미 측이 요새화하고 있던 네지로자카(根城坂, 根白坂)를 급습했다. 네지로자카는 다카성의 남측에 위치하고 있어서 시마즈군이 다카성을 구원하기 위해서는 통과하지 않으면 안 되는 곳이었다. 때문에 히데나가와 구로다 요시타카 등도 시마즈군의 후방 주둔을 경계하기 위해 네지로자카의 수비를 강화하고 있었다.

이때의 양군 병력에 대한 정설은 없으나 도요토미 측 군사가 8만 명, 시마즈군이 3만 5,000명 정도였다고 한다. 시마즈군은 시마즈 요시히로가 스스로 전선에서 싸웠다고 전해질 정도로 분투하였다. 그러나 미야베 게이준(宮部継潤) 등을 중심으로 한 도요토미군 1만 명이 철통같이 네지로자카를 방어하였고 시마즈군은 이 방어벽을 돌파하지 못해 전선은 교착상태에 빠졌다. 이러한 상황에서 히데나가의 본대가 미야베 게이준 등의 군사를 구원하려 하였고 이 상황을 본 군감 비토 도모노부(尾藤知宣)는 구원이 불가능하다고 판단하여 시마즈군에 대항하지 말 것을 진언했다.

결국 히데나가는 구원을 중지하였다. 그러나 히데나가의 휘하에 있는 도도 다카토라(藤堂高虎)군 500명과 우키타 히데이에의 휘하에 있던 도가와 미치야스(戸川達安)가 미야베 게이준을 구원하러 출정하여 시마즈군을 괴롭혔다. 이에 고바야카와·구로다군도 시마즈군을 협격하여 시마즈군은 심대한 피해를 입고 패주하였다. 결국 비토는 자신의 소극적 태도로 말미암아 히데요시에게 추방되어 후에 처형되었다.

그런데 1586년 말부터 수면 아래에서 아시카가 요시아키(足利義昭)와 모쿠지키 오고가 히데나가의 의향을 받들어 화해공작을 추진하고 있었다. 시마즈 요시히사도 1587년 4월 12일 요시아키의 사자를 만나 화해 수락의 의사를 표명했다. 4월 17일부터 휴가의 다카성 싸움과 네지로자카 싸움의 패배로 시마즈씨의 조직적 저항은 마지막을 향하고 있었다. 마침내 4월 21일 요시히사는 히데나가에게 화해를 청하였고 26일 최후까지 저항하고 있던 야마다 아리노부도 다카성을 포기하고 4월 29일 다카성을 나왔다.

히데요시군의 선봉대가 해로를 통해 24일에는 사쓰마의 이즈미로, 25일에는 센다이(川內)로 들어왔다. 한편 4월 28일 저녁 요시히사는 히라사성(平佐城)을 지키는 가쓰라 다다노리(桂忠詮)에게 이미 자신은 히데요시에게 항복하였고 더 이상 싸우는 것은 시마즈씨의 전후 처우에 불이익을 줄 염려가 있으니 항복하라는 서장을 보냈다. 이때 히데요시 측이 센다이가와(川內川) 대안에 진을 치고 있었다. 이에 가쓰라 다다노리는 야마다 아리노부가 다카성을 나온 4월 29일과 같은 날 히데요시 측에 인질을 보내 항복의 뜻을 전했다.

이처럼 네지로자카 싸움에서 패한 요시히사는 전의를 상실하고 히데요시에게 항복하였던 것이다. 요시히사는 가고시마(鹿児島)로 돌아와 5월 6일 이주인(伊集院)에서 삭발하고 법명을 류하쿠(龍伯)로 하여 출가하였다. 5월 8일 다이헤이지(泰平寺)에 체류하고 있던 히데요시를 방문하여 항복하였고 히데요시는 요시히사를 사면하였다.

히데요시는 5월 13일 오토모 소린에게 휴가를, 이주인 다다무네(伊集院忠棟)에게 오스미 1군을 주고, 나머지 모든 오스미 지역을 조소카베 모토치카에게 주려고 했다. 그러나 소린과 모토치카가 그것을 고사하여 실행되지는 않았다. 그런 가운데 5월 8일 소린이 은거지인 분고의 쓰쿠미(津久見)에서 사망했다. 그즈음 히젠 오무라 스미타다(大村純忠) 역시 사망했다.

한편 이시다 미쓰나리와 이주인 다다무네의 교섭 결과 시마즈씨는 규슈에서 획득한 대부분 지역을 몰수당하고 요시히사에게 사쓰마, 요시히로에게 오스미, 요시히로의 아들인 시마즈 히사야스(島津久保)에게 휴가 가운데 마사키인(真幸院)이 주어졌다. 이에히사는 사도와라성(佐土原城)을 넘겨주고 히데나가와 함께 상경하려 하였으나 6월 5일 급서(急逝)했는데 독살이라고도 한다. 이에히사의 적자인 시마즈 도요히사(島津豊久)에게는 휴가의 도노코오리(都於郡)와 사도와라(佐土原)가 주어졌다.

위와 같이 시마즈씨에 대한 전후 처리를 끝낸 히데요시는 5월 18일 다이헤이지를 떠나 6월 7일 지쿠젠의 하코자키(筥崎)에 도착했다. 이곳 하치만궁(八幡宮)에서 히데요시는 규슈에 대한 전후 처리를 발표했다(규슈국분령九州国分令). 히고의 대부분은 삿사 나리마사에게 주고, 히고의 히토요시(人吉)는 사가라 요리후사(相良頼房)에게 주었다. 그리고 고바야카와 다카카게에게는 지쿠젠·지쿠고(筑後)·히젠 1군의 약 37만 석, 구로다 요시타카에게는 부젠 6군의 약 12만 5,000석, 모리 요시나리(森吉成)에게는 부젠 기쿠군(企救郡)·다가와군(田川郡)의 약 6만 석, 다치바나 무네토라(立花統虎)에게는 지쿠고의 야나가와성(柳川城)에 13만 2,000석, 모리 가쓰노부(毛利勝信)에게는 부젠 고쿠라(小倉)에 약 6만 석을 주었다. 고바야카와 다카카게는 자신에게 주어진 영지 중 지쿠고 3군을 모리 히데카네(毛利秀包)에게 양여했다.

소린의 아들 오토모 요시무네(大友義統)에게는 분고와 부젠 우사군(宇佐郡)의 반이, 류조지 마사이에와 오무라 스미타다(大村純忠)의 아들 요시아키(喜前), 마쓰우라 시게노부(松浦鎭信)에게는 히젠 내 소령이 주어졌고 나베시마 나오시게(鍋島直茂)는 류조지씨에게서 독립하여 다이묘가 되었다. 소씨(宗氏)에게는 쓰시마(対馬)가 주어졌고 히데요시의 직할지가 규슈에 대규모로 설정되어 후에 조선 침략의 전진기지 역할을 했다.

그리고 시마즈씨와 협력하였던 지쿠젠의 아키즈키 다네자네(秋月種実)가 휴가의 구시마(櫛間)와 다카라베(財部)로 이봉되었고 다네자네의 2남 다카하시 모토타네(高橋元種)도 아가타(縣, 현 노베오카시延岡市)와 미야자키(宮崎)로 이봉되었다. 규슈 평정의 선도 역할을 한 이토 스케타케(伊東祐兵)에게는 휴가의 오비(飫肥)와 소이(曾井)·기요타케(淸武)가 주어졌으나 오비성(飫肥城)에 있던 시마즈가의 우에하라 나오치카(上原尚近)가 성을 넘겨주길 거부하였다. 결국 요시히사가 나오치카를 설득하여 나오치카는 1년 후인 1588년 6월에 오비성에서 퇴거했다.

그 후 고바야카와 다카카게는 다치바나씨의 거성이었던 나지마성(名島城)으로 들어갔고 구로다 요시타카는 나카쓰성(中津城)을 본거로 삼았다. 요시타카에게 이제까지의 공적에 비해 적은 12만 5,000여 석을 준 것은 히데요시가 요시타카의 야심과 군사적 재능을 두려워했기 때문이라고도 한다. 지쿠고 야나가와(柳川)의 다치바나 무네토라는 오토모씨에게서 독립하여 히데요시의 직신 다이묘가 되었다. 고바야카와 다카카게 양자인 모리 히데카네(毛利秀包)는 이요의 우와군(宇和郡) 오즈성(大洲城) 3만 5,000석의 다이묘가 되었으나 양부(養父)인 다카카게로부터 지쿠고 내 7만 5,000석을 받아 1588년 구루메성(久留米城)으로 들어갔다.

위와 같은 전후처리로 기득권을 잃은 재지 세력이 불만을 품고 잇키를 일으켰다. 1587년 8월 검지(檢地: 토지조사)를 강행한 삿사 나리마사가 검지 시행에 저항하는 구마베 지카나가(隈部親永)를 공격하자 지카나가에게 협력하는 재지 영주와 백성들이 잇키를 맺어 나리마사의 본거인 구마모토성(熊本城)을 습격하였다. 히젠, 부젠에서도 재지 영주의 잇키가 발생했다. 이에 히데요시는 규슈 평정의 축하연을 10월 1일부터 10일까지 교토의 기타노(北野)에서 열흘 동안 열 예정이었으나 하루 만에 중지하였다. 한편 히데요시는 잇키 발생의 책임을 물어 삿사 나리마사의 영지인 히고를 몰수하고, 삿사 마사나리에게 셋쓰의 아마가사키(尼崎)에서 할복할 것을 명하였다. 이후 히고 북반부는 가토 기요마사, 남반부는 고니시 유키나가에게 주어졌다.

한편 히데요시는 1587년 6월 15일 쓰시마 도주 소 요시시게(宗義調)와 그의 양자 소 요시토시(宗義智)에게 조선국왕이 히데요시를 알현하기 위해 사신을 파견하도록 명했다. 그리고 히데요시는 상경 도중 폐허화된 하카타(博多)를 직할령으로 삼고 부흥하는 데 힘썼다. 6월 19일 나가사키항(長崎港)에서 남만무역(南蛮貿易)을 독점하기 위해 선교사 추방령을 내리고 1588년 4월 교회령인 나가사키를 몰수하여 직할지로 삼았다.

히데요시는 오다 노부나가의 정책을 계승하여 기독교 포교를 용인하고 있었다. 히데요시는 1586년 3월 16일 오사카성에서 예수회 선교사 가스파르 코엘료를 인견하고 5월 4일

예수회의 포교를 허가하였다. 그러나 규슈 평정 후 지쿠젠의 하코자키에 체류하고 있었던 히데요시는 나가사키가 예수회가 지배하는 지역으로 요새화되어 있는 것을 보고 놀랐다. 이에 히데요시는 1587년 6월 18일 기독교 금지령을 내렸다. 6월 19일 포르투갈의 통상책임자인 도밍고스 몬테이로와 코엘료가 히데요시를 알현하러 나가사키에 왔을 때 선교사 퇴거와 자유로운 무역을 허가하는 문서를 이들에게 건네면서 기독교 포교를 제한하겠다는 뜻을 표명하였다.

기독교 선교사 추방령을 기초한 사람은 히데요시 측근으로 주치의였던 세야쿠인 젠소(施藥院全宗)라고 한다. 히데요시가 기독교 선교사를 추방한 이유에 대해서는 여러 견해가 있는데, 1)기독교세력이 확대하여 잇코잇키 세력처럼 반란을 일으킬 위험성이 있었기 때문이라는 점(반란 위험설), 2)기독교 교도가 신도·불교를 박해했기 때문이라는 설(신·불각 훼손설), 3)포르투갈인이 일본인을 노예로 매매하는 것을 중지하게 하기 위함이라는 설(인신 매매설) 등이 있다.

선교 금지령을 통고받은 예수회 선교사들은 히라도(平戸)에 집결하였고 이후 포교활동을 억제했다. 그러나 남만무역을 중시한 히데요시는 교토에 있던 남반사(南蛮寺)라는 교회를 없애고 나가사키 공관과 교회당을 접수하였지만 그 이상의 강경책은 쓰지 않았다. 그리하여 선교사들은 일본 각지에

흩어져 잠복하였고 선교사 추방령은 사문화되었다.

1587년 10월 1일 히데요시는 교토의 기타노 덴만구(北野
天滿宮) 경내와 마쓰하라(松原)에서 센노 리큐(千利休)·쓰다
소규(津田宗及)·이마이 소큐(今井宗久) 등을 진행자(茶頭)로
한 대규모 다회를 개최했다. 일반 서민도 다회에 참가하는
것이 허락되어 다회는 성황리에 거행되었고 히데요시는 황
금 다실을 일반에게 공개하기도 하였다.

한편 히데요시는 1586년 2월 헤이안쿄(平安京)의 궁궐터
에 주라쿠테이(聚樂第)를 착공하여 1587년 9월 완성하였다.
1588년 4월 14일, 히데요시는 이 주라쿠테이에서 고요제이
천황(後陽成天皇)을 맞아 성대한 향응을 베풀었다. 이 시점에
서 히데요시 세력 범위는 기나이 이서(以西) 지역이었기 때
문에 이 행렬에 참가한 다이묘는 주로 기나이 이서지역의
다이묘였고, 간토와 도호쿠 지역의 다이묘들은 참가하지 않
았다. 그리고 우에스기씨는 에치고에서 도호쿠 지역을 대비
하기 위해 이 행렬에 참가하지 않았다. 또한 히고의 재지 영
주 잇키로 말미암아 모리, 시마즈, 류조지 등 히고 주변의 다
이묘들과 규슈에 소령을 가지고 있던 가토 기요마사, 구로다
요시타카 등도 이 행렬에 참가하지 못했다.

한편 당시 산기(參議) 이상 관위에 있었던 다이묘들도 공
경에 편입되어 천황의 뒤를 따랐다. 이러한 다이묘들과 간파

쿠 행렬 후구(後驅)의 선두였던 마에다 도시이에는 행렬 다음 날 히데요시에게 충성을 맹세하는 「서지(誓紙)」를 제출했다. 그리고 이해 모리 데루모토가 상경하여 히데요시에게 완전히 신종하였고, 우에스기씨도 상경하여 히데요시를 알현했다. 그리고 이해 무기몰수령(刀狩令)과 해적 정지령(海賊停止令)을 반포하였다.

도호쿠 지역 평정

호조씨 평정

1585년 호조 우지마사(北条氏政)는 본격적으로 시모쓰케(下野)의 침공을 개시하여 시모쓰케 남반부를 장악하였다. 그리고 히타치(常陸) 남부도 호조씨 세력 아래 두었다. 그리하여 호조씨 영국은 사가미(相模)·이즈(伊豆)·무사시(武藏)·시모사(下総)·가즈사(上総)·고즈케(上野)·히타치·시모쓰케·스루가(駿河) 일부에 미치는 240만여 석에 달했다. 이러한 움직임과 관련하여 1586년 가을 이후 1588년 가을까지 히데요시는 가나야마 소센을 3회에 걸쳐 오우(奧羽)로 파견하여 오우의 영주들과 절충을 꾀했다.

한편 규슈 평정을 마무리한 히데요시는 1587년 12월 다테씨, 모가미씨(最上氏), 호조씨 등 간토와 오우 다이묘들에 게 사전(私戰) 금지령을 발동했다. 다이묘 사이의 사사로운 소령 싸움을 인정하지 않겠다는 것이었다. 그런데 1588년 히데요시가 호조 우지마사(北条氏政)·우지나오(氏直) 부자에 게 주라쿠테이 행사에 참가하라고 요구하였다. 우지마사는 이 요구를 거절하였다. 이로 말미암아 교토에서는 호조씨 토 벌에 대한 풍문이 나돌았고 호조씨는 임전태세를 취했다. 한 편 호조씨와 동맹관계에 있던 이에야스에게도 의심의 눈길 이 쏠렸다. 이에 5월 21일 이에야스는 호조씨에게 「기청문(起 請文)」을 보내 호조씨를 설득했다.

이에야스 중재로 8월 우지마사의 동생 우지노리(氏規)가 상경하여 호조씨와 히데요시 관계는 일시 안정되었다. 이때 우지마사는 은거를 선언했다. 이런 가운데 1589년 2월 호조 씨의 수하 이타베오카 고세쓰사이(板部岡江雪斎)가 상경하자 히데요시는 호조씨가 종속의 조건으로 했던 누마타성(沼田 城)을 호조씨에게 할양한다고 결정하였다. 그리고 히데요시 는 12월 우지마사에게 상경하라는 명령을 내렸다. 그러나 우 지마사는 1590년 봄이나 여름에 상경할 것을 요청하면서 다 시 호조씨와 히데요시 사이가 악화하였다.

이러한 상황 속에서 1589년 10월 호조 우지쿠니(北条氏邦) 의 가신인 이노마타 구니노리(猪俣邦憲)가 나구루미성(名胡桃

城)을 탈취하는 사건이 발생했다. 이 사건은 구니노리의 단독행동이 아니라 '반히데요시파'인 우지마사나 우지쿠니의 지령이 있었던 듯하나 불확실하다. 당시 히데요시는 누마타 일대를 호조령으로 인정하는 등 호조씨가 신종한다면 호조령을 존속시키는 유화책을 쓰고 있었다. 그럼에도 위와 같은 호조씨 상경 연기와 나구루미성 탈취사건이 발생하여 양자 사이는 회복할 수 없는 상태에 빠졌다. 그리고 이 사건은 히데요시의 입장에서 보면 호조씨가 사전금지령을 위반한 것이었다. 따라서 히데요시는 이즈음부터 호조씨 평정을 생각하고 있었다고 추측된다.

히데요시는 이에야스와 가게카쓰를 상경시키고 12월 13일에는 다이묘들에게 1590년 봄에 호조씨 토벌을 준비하라고 명했다. 그리고 호조 우지나오에게 나구루미성 사건의 주모자를 처벌하고 즉각 상경할 것을 요구하였다. 이에 대해 우지나오는 히데요시에게 편지를 보냈다. 나를 억류하거나 이봉한다는 소문이 있어서 상경할 수 없다는 점, 이에야스가 신종할 때 아사히히메와 혼인하고 오만도코로를 인질로 하고, 이에야스가 상경해서 후대를 받은 것, 나구루미성 사건에서 호조씨에 대한 태도에 차이가 있음을 들면서, 억류·이봉이 없이 편하게 상경할 수 있기를 요청하였다. 그리고 나구루미성 탈취사건은 우지마사나 우지나오가 명령한 것이 아니라 사나다(真田) 측 나구루미성 성주가 호조 측으로 돌아서면서 발생한 일로, 이미 나구루미성을 사나다 측에 반환했다고 변명했다.

그러나 히데요시는 우지마사의 상경 거부를 신종 거부로 판단하고 다이묘들에게 호조 토벌 준비 명령을 내렸다.

한편 12월 17일 스루가와 이즈의 경계가 끊어진 것을 안 우지마사·우지나오는 가신들과 지역 영주들에게 1590년 1월 15일까지 오다와라(小田原)로 출진하라고 명했다.

그리하여 우지마사는 만일의 사태에 대비하여 15세에서 70세까지의 남자를 대상으로 한 징병과 대포 주조를 위해 절의 종을 공출하는 등 전투태세를 정비했다. 또한 히데요시군의 진군에 대비해 오다와라성을 확대·수축(修築)하고 하치오지성(八王子城)·야마나카성(山中城)·니라야마성(韮山城) 등을 수축하였으며, 하코네야마(箱根山) 방면을 중심으로 성들을 연결하는 성채들도 정비하였다.

히데요시는 군사를 둘로 나누어 히데요시 본대와 이에야스군의 주력 20만 명은 도카이도(東海道)로, 북방대 3만 5,000명은 도산도(東山道)로 진군하게 하였다. 이에 더해 히데요시와 우호관계를 맺고 있던 도호쿠 지역의 다이묘들의 간토군 1만 8,000명도 호조씨 평정에 가세했다.

히데요시군의 기본 전략은 북방대로서 호조군을 견제하

면서 주력 부대는 오다와라로 진군하여 주변 지역의 성들을 돌파하고 동시에 수군은 이즈 반도에 상륙하여 오다와라로 진격하는 것이었다. 한편 호조 측은 대부분의 군사를 오다와라성에 배치하고 호조 우지야스를 야마나카성에, 나리타 야스스에(成田泰季)를 오시성(忍城)에, 호조 우지노리를 니라야마성에, 다이도지 마사시게(大道寺政繁)를 마쓰이다성(松井田城)에, 구로사와 고즈케노스케(黒沢上野介)를 하치가타성(鉢形城)에, 호조 우지타다(北条氏忠)를 아시가라성(足柄城)에 배치하였다. 호조 측 군사는 주력 5만여 명이었다.

1590년 봄 히데요시 주력군이 일찍이 미나모토노 요리토모(源頼朝)가 다이라가(平家)의 타도를 위해 거병한 기세가와(黄瀬川) 주변에 집결하였다. 3월 27일 히데요시는 누마쓰(沼津)에 도착하여 29일 진격을 개시했다. 야마나카성 공격에는 우군 1만 8,300명, 중군 1만 9,500명(도요토미 히데쓰구 1만 7,000명), 좌군 이에야스 3만 명으로 총 6만 7,800명이 가담했다. 야마나카성 수비군은 4,000명이었다. 결국 야마나카성은 함락되었고 이어 이에야스군은 다카노스성(鷹之巣城), 아시가라성도 함락시켰다. 우치타다는 야마나카성의 함락 소식을 듣고 오다와라성으로 퇴각했으며 이에야스 선봉대가 4월 3일 오다와라에 도착했다.

니라야마성 공격군은 우군 9,700명, 좌군 4만 4,100명, 총

고즈케

시모쓰케

히타치

마쓰이다성

미노와성

오시성

하치가타성

마쓰야마성

가와고에성

이와쓰키성

고가네성

무사시

시모사

에도성

가이

하치오지성

쓰쿠이성

가즈사

후지산

사가미

다마나와성

아시가라성

스루가

아와

야마나카성

오다와라성

니라야마성

이즈

시모다성

▶┈┈┈ 마에다 도시이에/도시나가, 우에스기 가게카쓰, 사나다 마사유키 등
▶━━━ 도쿠가와 이에야스, 도요토미 히데쓰구, 오다 노부카쓰, 아사노 나가요시 등
▶┈┈┈ 도요토미 히데요시 본진
▶━━━ 수군으로 구키 요시타카, 가토 요시아키, 와키자카 요시하루 등의 진격로

호조씨 평정도

5만 3,800명이었고 이에 대항하는 니라야마성 수비군은 약 3,640명(성주 호조 우지노리)이었다. 10분의 1에도 못 미치는 병력으로 수비하는 니라야마성을 오다 노부카쓰의 군사가 포위하였다. 히데요시는 니라야마성 포위를 위한 최소한의 병력만을 남겨두고 오다 노부카쓰 이하 주력군을 오다와라 쪽으로 진군시켰다.

이즈의 시모다성(下田城) 공격군은 수군 약 1만 명으로 구성되어 있었으며 이에 대항하는 호조 측의 군세는 수비군 약 600명(성주 시미즈 야스히데清水康英)에 불과했다. 결국 히데요시의 수군은 호조의 수군을 격파하고 이즈 반도 연안의 성들을 함락시키면서 오다와라로 진격했다.

오다와라성의 포위전이 시작되자 히데요시는 우지나오의 전의를 떨어뜨리기 위해 이시가키야마(石垣山)에 이시가키야마성(石垣山城)을 쌓고 다도인 센노 리큐를 불러 연일 다도회를 열면서 여유를 부리고 나아가 하코네(箱根)로 온천을 가는 등 유유자적을 과시했다.

마쓰이다성 공격군(북방대)은 서부 약 1만 명, 동부 약 1만 8,000명, 북부 약 7,000명, 총 3만 5,000명으로 구성되었다. 이에 대항하는 호조 측의 마쓰이다성 수비군은 약 2,000명(성주 다이도지 마사시게大道寺政繁)이었다. 이들 공격군은 3월 20일 마쓰이다성을 공격했으나 실패하였고 마사시게가 격렬하게 저항하여 약 한 달 동안의 지구전 끝에 4월 20일(22일이라고도 함) 히데요시에게 항복하였다. 항복한 마사시게는 히데요시군에게 길 안내를 하였다. 결국 고즈케 지역의 성들에 성문을 열 것을 권고하면서 어렵지 않게 공략해나갔다.

한편 히데요시는 오다와라성 포위군 중 주로 도쿠가와군을 추출하여 북방대를 돕는 부대로 편성하여 무사시로 진격시켰고 이 지역의 성들을 차례로 공략·함락시켰다. 그리고 군대를 둘로 나누어 한 부대를 시모사 방면으로 진출시켰다. 시모사 방면군은 5월 중순까지 이 지역의 성들을 차례로 공략하였다. 그리고 나머지 한 부대는 가와고에성(河越城)을 함락시키고 5월 20일 이와쓰키성(岩付城)도 이에야스군의 활약으로 함락되었다.

이처럼 보소(房総)·무사시의 성들이 손쉽게 함락된 것은 각 성의 병력 대부분이 오다와라성 농성전을 위해 빠져나가 최소한의 병력만이 남아 있었기 때문이다. 한편 호조 우지쿠니(北条氏邦)가 3,000명의 군사를 이끌고 농성하고 있는 하치가타성에 대한 공격은 5월 14일에 개시되었다. 하치가타성 공격군은 약 3만 6,000명으로 히데요시 측 대군에 포위된 우지쿠니는 약 1개월 동안 농성전을 전개하였으나 결국 역부족으로 굴복하고 말았다.

오시성 공격군은 7,500명이었으며 이에 대항하여 농성하고 있던 호조 측 군사는 약 2,000여 명의 병력에 불과했다. 그러나 오시성은 늪과 하천을 해자로 한 견고한 성이었다. 히데요시 측 이시다 미쓰나리는 공격이 여의치 않음을 깨닫고 빗추 다카마쓰성에서의 싸움을 감안하여 수공을 결심했다(히데요시가 수공을 지시했다고도 함). 미쓰나리는 5일 만에 전장 28킬로미터의 이시다제방(石田堤)이라는 둑을 쌓고 도네가와(利根川)의 물을 이용하여 수공을 전개했다.

그러나 예상과 달리 혼마루는 물에 잠기지 않았다. 떠 있는 모양으로 말미암아 오시성을 '오시(忍)의 부성(浮城)'이라 불렀다. 6월 18일 계속된 호우로 혼마루가 수몰되는 듯하였으나 오시성 측이 야반에 성을 나와 제방 2개소를 파괴하였다. 이로 말미암아 물이 넘쳐 도요토미군 270명이 사망하였다. 더욱이 물이 빠진 오시성 주변은 늪처럼 변하여 공격이 더욱 어렵게 되었다. 이후에도 오시성은 히데요시군의 집요한 공격에도 잘 견뎠으나 7월 5일 오다와라성이 항복하면서 굴복하고 말았다.

1590년 6월 23일 히데요시군이 1만 5,000명의 군사로 하치오지성을 공격하였다. 하치오지성의 성주 호조 우지테루(北条氏照) 이하 가신들은 오다와라성으로 갔고 이곳은 소수 병력과 영내에서 동원한 농민과 부녀자를 포함한 약 3,000명만 농성하고 있었다. 히데요시 측은 동쪽과 북쪽으로 침공하여 수비대를 물리쳤으나 격전으로 1,000명 이상의 사상자가 발생하여 잠시 공격을 멈추었다. 마침내 북쪽 별동대의 기습이 성공하여 성을 함락시킬 수 있었다. 우지테루의 정실 히사(比佐)가 성내에서 자결하였고 성내 부녀자들이 고슈덴(御主殿) 폭포에 투신하여 폭포는 3일 동안 핏빛으로 물들었다고 한다.

5월 9일 호조씨와 동맹을 맺고 있던 오슈(奧州)의 다테 마사무네(伊達政宗)가 히데요시의 참전 요청에 응해 오다와라로 향했다. 5월 하순경부터 오다와라에 대한 협상이 시작되었고 이에 오다와라성을 포위한 히데요시 주력군과 호조 측 사이에 싸움다운 싸움은 거의 없었다.

한편 6월 들어 호조씨 측의 측근이 이에야스, 노부카쓰와 화해교섭을 진행하고 있었다. 실제 이즈음 호조의 영지를 이에야스에게 넘기기로 약속되어 있어서 4월 중순 이즈는 이에야스의 영지가 되었다. 결국 히데요시는 우지마사·우지나오에게 사자를 파견하였고, 7월 5일 우지나오는 히데요시에게 자신의 할복과 성내 병사들의 신변 안전을 보장하는 조건으로 항복 의사를 전달했다.

히데요시는 우지마사와 일가 필두인 우지테루(氏照)와 호조가 가중(家中)의 대표인 마쓰다 노리히데(松田憲秀)와 다이도지 마사시게에게 개전의 책임을 물어 할복을 명했다. 7월

7~9일에 걸쳐 검사(檢使)들로 하여금 오다와라성을 접수하게 했다. 오다와라성이 접수된 후 오시성은 7월 13일(16일이라고도 함) 굴복하였다. 이로써 센고쿠 다이묘 호조씨는 멸망하였다. 이것은 센고쿠 시대가 끝난 것을 의미함과 동시에 히데요시의 일본 통일을 의미한다 하겠다.

한편 호조씨가 항복한 후, 히데요시는 스루가·도토미·미카와·가이·시나노 등의 이에야스 영지를 거둬들이고, 호조씨 구령 무사시·이즈·사가미·고즈케·가즈사·시모사·시모쓰케 일부 및 히타치 일부를 이에야스에게 주었다. 이에야스의 간토 이봉 소문은 오다와라 싸움 이전부터 나돌았다. 이에야스는 호조씨에게 자신은 호조령에 대한 야심이 없다고 변명하였으나 결국 호조씨 구령으로 이봉된 것이다. 이로써 이에야스는 소령은 150만 석에서 250만 석(이에야스 240만 석, 유키 히데야스 10만 석)으로 늘어났다. 그러나 도쿠가와씨와 인연 깊은 미카와를 상실하였고 아직 간토 지역은 호조씨의 잔당이 남아 있어서 불안한 상황이었다. 이에야스는 8월 1일 간토로 들어가 에도성(江戸城)을 거성으로 삼았다.

히데요시는 하시바 히데쓰구의 선봉을 맡았던 마쓰다 야스나가(松田康長)에게는 14만 석을 주어 스루가 후추(府中)로 들여보내 이에야스를 견제하는 역할을 담당하게 했다. 그리고 나카무라 가즈우지(中村一氏)에게 14만 석을 주어 스루가

순푸(駿府)로 들어가게 했다. 미카와 지역은 이케다 데루마사에게 15만 2,000석을 주어 요시다(吉田)로, 다나카 요시마사(田中吉政)에게 1만 7,400석을 주어 오카자키(岡崎)로, 미즈노 다다시게(水野忠重)·가쓰나리(勝成)에게 3만 석을 주어 가리야(刈谷)로 들여보냈다.

그리고 도토미 지역은 호리오 요시하루(堀尾吉晴)에게 12만 석을 주어 하마마쓰성(浜松城)으로, 야마우치 가쓰토요(山内一豊)에게 5만 석을 주어 가케가와성(掛川城)으로 들어가게 했다. 그리고 가이 지역은 하시바·가토·아사노씨 등을 배치하고 시나노도 센고쿠 히데히사에게 5만 석을 주어 고모로(小諸)로, 이시카와 가즈마사(石川数正)에게 8만 석을 주어 마쓰모토(松本)로, 모리 히데요리(毛利秀頼)에게 이나(伊那) 7만 석(10만 석)을 주어 이이다(飯田)로, 히네노 다카요시(日根野高吉)에게 2만 7,000석(3만 8,000석)을 주어 스와(諏訪) 다카시마(高島)로 들여보냈다. 그리고 나머지 지역들은 직할령으로 삼았다.

다테 마사무네와 오슈 처분

1590년 5월 히데요시 측 아사노 나가마사(浅野長政)는 오슈(奥州)의 다테 마사무네에게 오다와라 전투의 참전을 독촉하였다. 이에 응해 마사무네는 오다와라로 갔다. 호조씨를 멸망시킨 히데요시는 가마쿠라(鎌倉) 쓰루가오카하치만구(鶴岡八幡宮)를 참배하였고 아이즈(会津)로 순찰 행군을 떠났다가 다시 우쓰노미야(宇都宮)로 돌아왔다. 이에 앞서 도고쿠(東國) 지역 다이묘들이 우쓰노미야로 들어왔다.

우쓰노미야성에 머문 히데요시는 미나모토노 요리토모(源賴朝)가 오슈의 후지와라(藤原)씨를 평정하던 때 했듯이 우쓰노미야 다이묘진(大明神)에게 도고쿠의 안정을 기원하였다고 하나 확실하지는 않다. 어쨌든 히데요시는 우쓰노미야성에서 간토(關東)와 오우의 다이묘들을 우쓰노미야성에 출두시켜 처분을 내렸다.

히데요시는 7월 27일 난부 노부나오(南部信直)에게 7개의 군을 수여하고, 8월 1일 사타케 요시시게(佐竹義重)에게 히타치와 그 외의 54만 석을 주었다. 마사무네는 150만 석의 대영지를 형성하고 있었다. 그러나 오다와라의 참전이 늦었고 히데요시의 사전금지령을 위반했다는 이유로 아이즈군·이와세군(岩瀬郡)·아사가군(安積郡)을 몰수당해 무쓰(陸奧)·데와(出羽) 13군의 72만 석으로 감봉되었다. 히데요시는 몰수한 아이즈를 가모 우지사토(蒲生氏郷)에게 주었다.

히데요시는 마사무네 안내를 받으면서 아사노 나가마사를 필두로 하는 오슈 처분군과 함께 순찰 행군을 했다. 히데요시는 도중 다시 우쓰노미야로 돌아왔으나, 오슈 처분군은

오슈 남부 지역도

마사무네의 안내로 8월 6일 시라카와(白河), 8월 9일 아이즈의 구로카와성(黑川城)에 머물렀다. 그 후 도야가사키성(鳥谷ヶ崎城)에 아사노 나가마사가 입성하였고 오슈 처분군은 히라이즈미(平泉) 주변까지 진격하여 와가씨(和賀氏) 등 재지 영주의 성들을 제압하였다. 결국 아이즈 지역은 아사노 나가마사의 가신이 다이칸(代官)으로 진주하는 새로운 체제로 변화되었고, 그 후 오슈 처분군은 철수하였다. 이로써 히데요시의 천하 통일은 불안하지만 완료되었다.

오슈 재처분

한편 1591년 6월 20일 오슈에서 가사이(葛西)·오사키(大崎)의 잇키, 와가(和賀)·히에누키(稗貫)의 잇키, 센보쿠(仙北)의 잇키, 후지시마(藤島)의 잇키, 구노헤 마사자네(九戸政実)의 난이 발생하였다. 가사이씨·오사키씨는 무쓰 중부지역의 센고쿠 다이묘였으나, 다테씨에 종속되어 있어서 독자적으로 오다와라 싸움에 파병할 상태는 아니었다.

그러나 1590년 7월 26일 가사이씨와 오사키씨는 오다와라 싸움에 참전하지 않았다는 이유로 소령을 몰수당했다. 가사이씨·오사키씨의 소령은 기무라 요시키요(木村吉清)에게 주어졌다. 요시키요는 가사이씨의 거성 데라이케성(寺池城)을 거점으로 했으나 옛 가사이·오사키 가신단의 강한 반발을 샀다.

아사노 나가요시(浅野長吉)가 오슈 처분을 마치고 돌아간 직후인 10월 초순 기무라령인 가미군(加美郡) 고메이즈미(米泉)에서 결국 분쟁이 발생했다. 10월 16일 이와테사와성(岩手沢城)에서 구 성주 우지이에 요시쓰구(氏家吉継)의 부하가 봉

오슈 북부 지역도

기하여 성을 점령했다. 이를 시작으로 잇키가 전 영내로 확산되었다.

　귀경 중이던 아사노 나가요시는 시라카와성(白河城)에서 이 소식을 듣고 니혼마쓰성(二本松城)으로 되돌아 왔고 10월 26일 아사노 우지사토(淺野氏鄕)와 마사무네는 11월 16일부터 함께 잇키를 진압하기로 하였다. 그런데 진압 예정 전날인 15일 마사무네의 가신 스다 호키(須田伯耆)가 우지사토에게 마사무네가 잇키를 선동했다고 고발했다. 이에 16일 우지사토는 잇키로 함락된 묘성(名生城)을 단독으로 점령하여 마사무네군에 대비함과 동시에 히데요시에게 이러한 정세를 보고하였다. 보고를 받은 히데요시는 이시다 미쓰나리를 우지사토에게 파견하여 대책을 논의하게 하였다.

하지만 마사무네는 단독으로 다카시미즈성(高清水城)·미야사와성(宮沢城)을 공략했다. 그러고는 24일 사누마성(佐沼城)을 함락시켜 기무라(木村) 부자를 구출하여 우지사토가 있는 묘성으로 보냈다. 우지사토는 기무라 부자를 구출한 후에도 마사무네에 대한 경계를 풀지 않았다. 우지사토는 귀로를 안전하게 확보하기 위해 마사무네에게 인질을 요구하였고 마사무네는 이에 응했다.

이즈음 오사키 요시타카는 상경하여 히데요시에게 오다와라 싸움에 참전하지 않은 것에 대해 사죄하고 구령 복귀를 청원하였다. 이에 히데요시는 12월 7일 요시타카에게 구령의 3분의 1을 주겠다고 약속하였다. 와가 요시타다(和賀義忠), 히에누키 히로타다(稗貫広忠) 등도 오다와라 싸움에 불참하여 소령을 몰수당했다. 따라서 와가군과 히에누키군에서도 가사이·오사키 잇키에 동조하여 봉기했다.

이러한 뒤숭숭한 상황 속에서 1591년 구노헤씨(九戸氏)는 산노헤성(三戸城)에서의 정월 하례를 거절하고 난부씨(南部氏) 본가에 반기를 들었다. 1591년 3월 구노헤 측 구시비키 기요나가(櫛引淸長)가 도마베치성(苫米地城)을 공격하자 구노헤 마사자네(九戸政実)도 5,000명의 병사로 거병하였고 구노헤 측에 협력하지 않는 주위의 성들을 차례로 공격하기 시작했다. 본래 구노헤군은 난부씨의 정예로서, 난부 영내의 잇키 세력에 편승한 구노헤 군세는 더욱 강화·확대되었다. 그리하여 난부 노부나오(南部利直)는 사자를 파견하여 6월 9일 히데요시에게 상황을 보고하였다.

결국 와가·히에누키의 잇키와 구노헤 마사자네의 난을 진압하기 위해 히데요시는 1591년 6월 20일 오슈 재처분군의 편성을 명했다. 오슈 재처분군은 도요토미 히데쓰구가 이끄는 3만 대군에 이에야스와 도호쿠 지역 다이묘들의 군대가 합류하여 총 6만여 명으로 편성되었다. 오슈 재처분군은 오우로 침공하여 가모 우지사토(蒲生氏鄕)·아사노 나가마사와 합류하여 잇키를 진압하면서 북진했다. 와가씨 등도 완강히 저항하였으나 결국 진압되었다. 와가 요시타다의 영지는 난부 노부나오(南部信直)에게 주어졌다. 이로써 와가씨, 히에누키씨는 몰락했다. 와가 요시타다의 아들 와가 다다치카(和賀忠親)는 후에 다시 잇키를 일으키기도 했다.

한편 마사무네는 상경하라는 히데요시의 명령을 받고 우지사토·기무라 부자와 함께 귀경하였다. 1591년 2월 4일 상경한 마사무네에 대한 조사가 행해져 마사무네는 잇키를 선동했다는 「밀서」가 위조된 것이라고 항변하였다. 이에 히데요시는 이 마사무네의 주장을 받아들이고 마사무네에게 다시 잇키 진압을 명하였다.

5월 요네자와(米沢)로 돌아온 마사무네는 6월 14일 출진하여 본격적으로 잇키 진압에 나섰다. 고전했지만 7월 4일 마사무네군이 데라이케성(寺池城)을 함락하였고 이로써 잇키는 종식되었다.

제6장 조선 침략과 히데요시 정권

조선 침략

임진왜란

도요토미 히데요시의 조선 침략의 원인에 대해서는 일본이 조선을 중개로 명과의 무역을 부활시키고자 하였다는 일명감합무역(日明勘合貿易)설, 무사 불만 해소설, 히데요시의 공명심에 의한 해외 정복설, 영토 확장설, 동아시아 질서에의 반역설, 국제정세 무지설 등등 구구하다.

그러나 이러한 학설들은 조선 침략이 근세 형성기에 발생하였다는 엄연한 사실을 외면하는 경우가 많다. 그리고 히데요시 정권의 모순을 눈여겨보지 않는 경향이 강하다. 즉 팽창주의 성격이 근세 권력 형성기에 내재되어 있다는 사실을 간과해서는 안 된다. 센고쿠 다이묘들은 전쟁을 통해 영주들을 결속시키면서 자신의 권력을 강화하였다. 외부의 적을 상정함으로써 내적 결속을 다지고 전쟁에 승리함으로써 그들의 영지를 확장시켜줄 수 있었던 것이다. 오다 노부나가의 단계에서도 이러한 팽창의 논리는 적용된다. 즉 천하는 취하는 것이며 취해진 천하는 천하인(天下人) 노부나가가 지배한다는 것이다. 천하는 확대될 수 있는 대상이었던 것이다. 도요토미의 권력도 천하인 권력이었다.

그리고 도요토미의 통일전략은 다이묘 사이의 사적 전쟁을 부정하는 '사전금지령＝총무사령(惣無事令)'이라는 국가 지배의 정당성을 바탕으로 한 것으로 자신의 전국 지배권을 인정하면 각지의 다이묘들에게 이들의 지배권을 보장하였다. 이것은 각지에 강력한 군사력이 전과 마찬가지로 각 지역의 다이묘들에게 남겨져 있다는 것을 의미한다. 즉 도요토미 정권의 권력구조는 기본적으로 전국을 지배하는 국제·전국을 아우르는 일원적 지배질서 그리고 여러 도자마 다이묘(外様大名)를 동시에 압도할 만한 군사력이 불충분한 '전국 규모의 센고쿠다이묘영국(戦国大名領国)'의 성격이 강하였다. 특히 여러 지역에 강력한 다이묘의 군사력이 존재한다는 것은 잠재적으로 도요토미 정권을 위협하는 것이었다. 이러한 사정은 히데요시가 일본 전국을 통일했다고는 하나, 아직도 불안정성이 내재되어 있다는 것을 의미한다.

따라서 적어도 히데요시는 전일본의 군사지휘의 권능을 확인할 필요가 있었다. 그리고 이제까지 축적된 다이묘들의 군사력을 약화시킬 필요도 있었다. 이에 외부에 적을 만들어 전쟁을 수행해야만 했던 것이다. 그렇다면 히데요시 권력의 조선 침략은 다이묘들의 군사력이 소진될 때까지 수행될 수밖에 없으며, 강력한 국내 지배체제·질서가 형성될 때까지 대외적 긴장관계를 유지할 필요가 있었던 것이다.

히데요시는 규슈를 공격하기 시작한 1586경부터 조선 침략을 자주 언급하였다. 이 시기의 조선 침략에 대한 언급은 때때로 정치적·군사전략적 의도에 따른 것이었으므로 구체적이지는 않았다. 조선 침략을 구체화한 것은 전국 통일 이후의 일이었다.

마침내 히데요시는 1592년 3월 15일을 기해 시코쿠·규슈의 다이묘들은 600명, 주고쿠·기이의 다이묘들은 500명, 기나이의 다이묘들은 400명, 오미·오와리·미노·이세의 다이묘들은 350명, 도토미·미카와·스루가·이즈의 다이묘들은 300명, 그 동쪽에 있는 다이묘들은 200명, 와카사 이북·노토의 다이묘들은 300명, 에치고·데와의 다이묘들은 200명씩

동원하여 12월까지 오사카로 집결하라고 명했다.

그러나 이 다이묘들에게 과해진 군역 할당량은 개별 다이묘들의 사정에 따라 증감되어 일률적이지는 않았다. 주로 서일본 지역은 위 기준에 입각하여 군사가 동원되었으나 동일본 지역은 군사 동원이 줄어든 채였다. 결국 서일본 지역 다이묘들이 조선에 출진하였고 이에야스 등 동일본 지역 다이묘들은 히젠 나고야에 주둔하였다.

당시 다이묘들의 석고에 따라 군사 수가 할당되기는 하였으나 동원 수는 각양각색이었다. 당시 일본 전체 총 석고는 약 2,000만 석으로 1만석당 250명의 군사가 동원 가능하다고 본다면 총동원 가능인력은 약 50만 명으로 임진왜란에 동원된 인원은 동원 가능 인력의 약 절반 정도였다고 하겠다. 히데요시는 나고야성 주변에 하타모토(旗本) 2만 7,695명, 이에야스 등 예비군 7만 3,620명 등 모두 약 10만 명을 주둔시키고 9대로 편성된 총 15만 8,800명, 수군 8,750명을 조선에 출진시켰다. 동원 인원에는 인부와 수부 등 비전투원이 포함되어 있었다. 시마즈군에는 비전투원이 약 4할, 다치바나군에는 약 5할, 고토(五島)군은 약 7할이었다고 한다. 이 비전투원들은 원칙적으로는 전투에 참가하지 않게 되어 있었으나 전투원으로 전용되는 경우가 많았다.

1592년 3월 히데요시는 히젠(肥前) 나고야(名護屋)를 조선 침략을 위한 전진 기지로 삼고 16만여 병력을 9군으로 편성하여 조선을 향해 바다를 건넜다(임진왜란). 조선에 상륙한 일본군은 3로로 나뉘어 한양을 향해 진격하였고, 제1대 고니시유키나가는 조선에게 명의 정벌을 위한 선도 역할을 요구했지만 조선은 이것을 거부하였다. 일본군의 공세에 밀려 5월 3일 조선의 수도 한성(漢城)이 함락되었고 유키나가는 평양으로 진격하여 평양을 함락하였다. 가토 기요마사 등은 함경도로 진격하여 조선 국경 너머까지 진군하였다. 그리고 모리(森)군을 중심으로 한 제4대는 안변·통천을 거쳐 남하, 삼척을 걸쳐 원주로 들어갔다. 그리고 제3대는 제1대를 후방에서 지원하는 형태를 취했다.

한편 이미 일본이 명을 침략하려 한다는 정보를 접하고 있던 명은, 선조가 일본군의 침략으로 한성을 떠나 평양으로 왔다는 소식을 받자, 진위를 파악하기 위해 6월, 요동진무 임세록(林世祿)을 조선에 파견하였다. 당시 명에는 조선이 가왕(假王)을 세워 명에 대한 침략을 향도(嚮導)하고 있다는 소문이 돌았다. 일본군의 조선 침략을 확인한 명은 1592년 7월 파병을 결정하고 즉시 조선에 군사를 파견되었다.

명의 조선 파병은 중국 본토를 지키기 위하여 조선에서 일본군을 방어한다는 전략에 따른 것이다. 따라서 명은 조선에 원군을 파견하기 전에 동북 지역의 방위를 강화했다. 이는 조선에서 일본군이 완전히 격퇴되지 못할 경우에도 조선에서 일본군과 대치하면서 명의 안전을 확보한다는 것으로, 그만큼 명군이 일본군과의 전투에 소극적이었다는 것을 말해주고 있다. 따라서 명의 조선 원군은 조선의 군사지휘권 및 조선의 대명·대일 외교권을 크게 제약하였다. 이런 전략 때문에 명은 조선에 원군을 파견하면서도 일본군과 강화를 모색했던 것이다. 조선도 명의 이 같은 전략을 인식하고 있었기 때문에 항상 명군의 움직임을 예의 주시했다.

한성이 함락되었다는 소식을 들은 히데요시는 천황을 북경으로 옮기고 명 정벌 후에 인도를 침략한다는 이른바 '3국 분할 계획'을 발표하였다. 그러나 고니시·가토·구로다(黑田) 등이 북진하는 사이에 일본 수군이 조선 수군에게 패하고 다음 해인 1593년 정월 평양 전투에서 명군과 조선군에게 패배하면서 일본군은 열세로 돌아섰다. 특히 조선 남부지역에서 활발히 활동하던 의병과 관군에 의해 병참로가 위험하게 되어 더 이상의 전투가 어렵게 되었다. 이를 계기로 조선은 수세에서 공세로 전환한다.

평양성 전투가 있던 무렵, 남부지역의 의병을 포함한 조선군은 어떠하였을까. 당시 제2대와 제4대에 대치하는 조선군 병력은 1만 2,200명, 평양을 방위하는 병력은 1만 7,000명, 황해도·경기도를 중심으로 한성을 방위하는 병력 약 3만 5,000명이 주둔하고 있다. 또 안동·울산에 3만 5,000명, 진주·창원을 중심으로 4만 2,000명 그리고 순천에는 1만 5,000명의 수군이 배치되어 있어서 그 밖의 병력까지 합하면 17만 2,000여 명의 병력이 각지에 배치되어 있었다. 이는 일본군 제2대와 제4대를 고립시킴과 동시에 한성 탈환을 목표로 하고 있었다. 특히 경상남·북도의 병력 배치는 대구·부산 지역의 일본군을 공격함과 아울러 충청북도 지역에 배치되어 있는 일본군의 견제·고립을 노리고 있었다고 할 수 있다. 그리고 1592년 10월 무렵에는 일본군의 보급로가 중로밖에 남아 있지 않았다. 더욱이 겨울이 되면서 일본군은 겪어보지 못한 추위를 견디기 어려웠다. 따라서 오랜 싸움에 피로가 누적되었으며 지리적 이점을 살려 싸우는 조선군을 이길 가망은 없었다.

전세가 불리해지자 일본은 명과 철병 교섭을 시작하였고 양국은 화의를 위한 조건을 모색하게 된다. 그 결과 함경도에서 포박된 조선 왕자의 송환, 부산으로 일본군 후퇴, 요동으로 명군 철수, 명에서 일본으로 강화 사절의 파견 등을 조건으로 강화가 이루어졌다. 그러나 그 이면에는 조선 4도의 일본 할양과 조선의 일본 입조(入朝)라는 조건이 있었다.

이런 상황 속에서 일본군은 철수를 고려하면서도 후방에서 추격해 오는 조선-명군에게 일격을 가하고자 했다. 그래서 임진강 전선을 지키고자 일본군은 행주산성의 공격을 계획했다. 행주산성에는 전라도 순찰사 권율(權慄)이 한성을 탈환하기 위해 2,300명의 병력으로 진을 치고 있었고 산성 주변지역에는 의병장 김천일(金千鎰), 승병 처영(處英) 등을 포함하여 약 8,000명의 병력이 배치되어 있었다. 일본군은 행주산성을 공략하기 위하여 약 3만의 병력으로 공격했으나 조선군은 1593년 2월 12일 새벽부터 저녁때까지 7개 부대가 교대로 쉬지 않고 공격해 오는 일본군과 싸워 대승을 거두었다. 그리하여 이 무렵부터 일본군은 모든 전선에서 철수할 수밖에 없었다. 행주산성 전투에 패배하자 일본군 장수들은 2월 27일 한성에 모여 히데요시의 조선 도해(渡海) 연기를 건의하기로 한다. 또한 한성을 포기하고 부산까지 철군할 것을 논의했다.

한편 평양성 전투의 패배 소식을 들은 히데요시는 공격 일변도의 전략을 변경하여 개성·한성을 중심으로 하는 방위 전략을 명했다. 그리하여 우키타 히데이에에게 전군의 지휘권을 주었다. 또한 고바야카와 다카카게·마에노 나가야스·가토 미쓰야스가 그를 지원하는 형태로 군을 재편하고 모리 데루모토를 부산 방면으로 남하하도록 하여 일본으로부터의 보급로를 확보하려고 했다. 그러나 히데요시의 이러한 명령이 도달하기 전에 이미 일본군이 행주산성에서 패배하였기 때문에, 개성은커녕 임진강 전선마저 무너지고 한성 방어도 위험해진 상황이 되었다. 이에 3월 10일 히데요시는 전군을 상주까지 후퇴시키고 마에다 도시이에, 우에스기 가게카쓰 등 도호쿠 다이묘들을 포함한 군사를 새로이 파견하여 진주성을 공략하고자 했다.

한편 벽제관 전투 이후 명의 심유경(沈惟敬)과 유키나가의 교섭이 다시 시작되었고 3월 10일의 히데요시의 철수 명령이 한성에 있던 일본군에게 전해졌다. 이런 가운데 철수하는 동안은 공격을 하지 않는다는 조건으로 1593년 4월 일본군은 한성에서 철수하기 시작했다. 명군은 철퇴하는 일본군을 공격하지 말라는 엄명을 내렸고 조선군은 이를 준수했다.

그렇지만 히데요시는 진주성 공격 명령을 여러 번 반복해서 내렸다. 제1차 진주성 전투의 대참패를 설욕하기 위해 일본군은 6월 19일 진주성 공격을 개시했다. 진주성에는 의병장 김천일, 경상우병사 김경회, 충청병사 황진 등이 이끄는 3,400명의 병력(민중을 포함하면 1만여 명)이 방위에 임했다. 일본군은 가토 기요마사를 비롯하여 9만 3,000명의 병력을 6대로 편성하여 진주성을 공격했다. 조선군은 29일까지 10일 동안 원군 없이 선전했지만 병사는 말할 것도 없고 민중 전원이 일본군에게 살해되었다. 이같이 진주에서 격렬한 전투가 벌어지고 있었음에도 당시 명군은 대구(유연·오유충)·상주(왕필적)·남원(낙상지·송대빈)에 주둔하고 있었지만, 일본군의 후퇴를 이유로 조선군을 지원하지 않았다.

이리하여 진주 지역을 확보한 히데요시는 조선에 있는 장수들에게 조선 남해안에 성곽(왜성)을 건설하도록 명하고 이들 지역에 여러 부대를 장기 주둔시키는 '구류지계'를 세웠다. 즉 7월 29일 명과 강화 교섭이 한창인 가운데 7월 29일 조선 주둔군 5만 명을 철수시키고 2만여 명의 병력을 남해안 일대에 배치했다.

명군은 우선 일본군을 조선에서 철병시키기 위해 명 황제의 허가 없이 강화 교섭사를 일본으로 보냈다. 이에 대해 히데요시는 강화 조건 7개 조항을 제시하였다. 그 주된 내용은 명 황제의 딸을 천황의 비로 삼을 것, 감합무역 부활, 조선 영토 할양, 조선의 일본 입조 등이었다. 조선은 유키나가와 심유경의 교섭에 반대하였으나 양측은 강화를 진행시키기 위해 유키나가는 히데요시가 항복한다는 문서를 작성하고(關白降表), 이 「항복문서」를 지닌 사절을 명으로 파견하였다(고니시 부하 나이토 조안內藤如安을 명에 파견).

이에 대해 명은 일본에 책봉사를 파견하였으며 조선도 명군의 강요로 통신사를 파견하였다. 히데요시는 1596년 9월 명의 사절을 오사카성에서 접견하였으나 조선 통신사는 접견하지 않았다. 히데요시는 명의 책봉을 받았지만 자신이 제시한 조선과 맺고자 하는 강화조건을 충족하기에는 턱없이 부족한 것이었다. 조선 4도 할양은커녕 히데요시가 최소한으로 바라고 있던 조선의 일본 입조에 대한 언급조차 없었던 것이다. 그 결과 일본과 명의 강화는 파탄에 이르렀고 1597년 조선과의 전쟁이 재개되었다.

정유재란

히데요시는 1597년 2월 21일 재침략의 군사 편성을 발령한다. 선봉 가토 기요마사군 1만 명, 제2대 고니시 유키나가 등 1만 4,700명, 제3대 구로다 나가마사(黒田長政) 등 1만 명, 제4대 나베시마 나오시게 1만 2,000명, 제5대 시마즈 요시히로 등 1만 명, 제6대 조소카베 모토치카 등 1만 3,300명, 제7대 하치스카 이에마사(蜂須賀家政) 등 1만 1,100명, 제8대 모리 히데모토(毛利秀元) 3만 명과 우키타 히데이에 1만 명, 총 12만 1,100명의 동원령을 내린 것이다. 여기에다 조선 남부에 주둔하고 있던 2만여 명을 더하여 총 14만 1,500명을 동원하였다.

히데요시는 군사편성과 함께 작전명령도 내렸는데, 그 주된 내용은 ①전라도 지역을 집중적으로 공략하되 가능하면 충청도·경기도를 공략할 것, ②수군 작전 시 도도 다카토라와 가토 요시아키 그리고 와키자카 야스하루 등 두세 명의 지시로 시코쿠와 그 밖의 군선을 참가시킬 것, ③명의 대군이 한성에서 5~6일 거리까지 육박했을 때는 서로 연락하여 신속하게 히데요시에게 보고할 것, 사태가 이에 이르면 히데요시 자신이 도해하여 명을 공략할 예정이며, ④안골포에 다치바나 무네시게(立花宗茂), 가덕도에 다카하시 무네마스(高橋統増)·지쿠시 히로카도(筑紫広門), 김해 죽도에 고바야카와 히데카네(小早川秀包), 서생포에 아사노 요시나가(浅野幸長)를 주둔시킬 것, ⑤작전이 끝나면 각각 축성 구역에 따라 성주를 정하여 성 보수공사를 담당할 것 등이었다. 이처럼 히데요시는 조선 재침략의 현실적인 주목표를 조선 남부의 4도 점령·지배에 두고 명군과의 전투는 되도록 피하려고 했다.

1597년 1월부터 일본군의 재상륙이 시작되었지만 일본군의 주력이 조선에 들어온 것은 1597년 5월 중순부터 하순 무렵이었다. 한편 명군의 파병 소식은 3월 2일에 조선에 전해졌는데, 이 시기 명나라 원군의 특징은 수군을 포함하고 있다는 점이다. 이는 일본 수군의 서해 진출을 염두에 둔 것으로 명은 일본군의 조선 재침략을 명 침략의 전초전으로 인식하고 있었다. 그래서 명은 일본군의 명 침입을 서해에서 차단하는 전략을 짰고 수군을 포함한 조선의 전 군사권을 장악함과 동시에 명군의 장기 주둔을 실시하려고 했다.

부총병 양원(楊元)이 이끄는 명군 1진이 한성에 도착한 것은 5월 8일이고, 부총병 오유충(吳惟忠)이 이끄는 4,000명은 6월 14일에, 부총병 이여매(李如梅)도 1,470명을 이끌고 7월 19일에 한성으로 들어왔다. 7월 3일에는 제독 마귀(麻貴), 9월 3일에는 경리 양호(楊鎬)가 한성에 도착했다. 원군 규모는 여러 지역의 병력 2만 1,000명, 막료군 2만 2,000명, 경리 양호의 본진 4,000명이었다. 양원은 5월 21일 병력 3,000명을 이끌고 한성을 출발하여 6월 18일에 남원에 도착했다. 그는 교룡산성에서 일본군을 막자는 조선의 요구를 물리치고 남원성에서 일본군을 막기로 했다.

조선과 일본군의 대격돌은 수군에서 먼저 시작되었다. 7월 14일부터 16일에 걸쳐 이루어진 칠천량 해전이 그것이다. 이 전투는 일본수군의 완벽한 승리로 끝났다. 원균(元均)은 전사하였고 조선 수군은 회복 불능의 상태에 빠졌으며(남은 조선함선은 13척뿐), 조선 남부지역은 무방비상태가 되었다. 상황이 이에 이르고 나서야 조선 조정은 7월 22일 이순신(李舜臣)을 삼도수군통제사로 다시 임명했다.

칠천량 해전에서 대승을 거둔 일본군은 전군을 좌군·우군·수군으로 편성하여 대대적인 공세를 펼친다. 6만여 우군은 모리 히데모토 지휘 아래 전주로 향했다. 서생포에 주둔하고 있던 가토 기요마사는 우군의 선봉이 되어 서생포-밀양-초계-거창을 거쳐 서북진하여 전주로 향했는데, 8월

16일 안음 현감 곽준(郭逡)과 함양 군수였던 조종도(趙宗道)가 지키는 황석산성을 고전 끝에 공략하고 전주로 진격했다. 나베시마 나오시게는 8월 16일 의령에서 삼가를 거쳐 성주로 향하는 도중, 고령에서 상주 목사 정기룡(鄭起龍)이 이끄는 조선군을 만나 패배했다. 한편 고니시를 선봉 삼아 총 5만 6,000여 명으로 편성된 좌군은 남원으로 향했다. 우키타 히데이에가 지휘하는 좌군은 8월 15일 명장 양원이 지키던 남원성을 공략한 뒤 전주로 진격했다.

좌군 선봉 고니시가 전주로 진격하자 전주를 지키고 있던 명군의 진우충(陳愚衷)은 성을 버리고 도망쳤다. 그리하여 고니시는 8월 19일 전주성에 무혈 입성했다. 이어서 우군 가토도 8월 25일 전주에 입성했다. 일본군은 전주에서 작전회의를 열었다. 모리 히데모토·가토 기요마사·구로다 나가마사 등 우군의 주력은 공주로 북진하여 경기도를 공략하며, 좌군은 우키타·고니시군이 경상도로 남하하고, 시마즈 요시히로는 전라도를 공략하기로 결정했다.

전주 공략 뒤에 일본 수군은 전라도를 지배하기 위해 전라남도 해안 길을 따라 서진했다. 이는 남쪽으로부터 전라도 공략을 지원하기 위해서였다. 그리하여 8월 말부터 9월 초순께 일본 수군은 회령포에서 전라남도 서단 어란포까지 배로 진군했다. 한편 이순신은 8월 24일 어란포에 도착했고 9월

7일부터 일본 수군을 추격하기 시작했다. 16일 13척뿐인 함선을 이끌고 명량에 진을 쳤다. 조선 수군은 도도 다카토라·가토 요시아키·와키자카 야스하루 등이 이끄는 일본 수군 함선 330여 척을 명량에서 대파했다.

이 해전의 승리로 조선 수군은 남해안의 제해권을 되찾았을 뿐만 아니라, 전라도 지배를 노리는 시마즈 요시히로군의 해안 지원을 차단했다. 마침내 명량해전과 직산전투를 겪고 나서 수세에 몰린 일본군은 후퇴하여 사천(시마즈 요시히로·조소카베 모토치카 등), 순천(고니시 유키나가·우키타 히데이에 등), 죽도(나베시마 나오시게 등) 등지에 주둔하게 된다. 10월 8일 가토 기요마사는 공산성-경주를 거쳐 서생포·울산에, 모리 데루모토는 대구-밀양을 거쳐 양산성에, 구로다 나가마사는 동래성에 주둔하게 된다.

이와 같은 일본군의 후퇴는 전투에서 패배했기 때문이라고만 말할 수는 없었다. 전선이 길어져서 의병을 포함한 조·명군 공격이 예상되었을 뿐 아니라 계절도 겨울로 접어들고 있어서 임진왜란 때의 쓰라린 기억도 되살아났을 터이다. 이후 명군과 조선군은 1597년 12월 기요마사가 주둔하고 있는 울산성을 공격했으나 실패하였다. 이후 소소한 전투는 있었지만 전투는 교착상태에 빠졌다.

이러한 상황 속에서 '정응태(丁應泰) 무고사건'이 일어났다. 명의 정응태는 명 조정의 장위·심일관과 조선 파견 명군 양호·마귀·이여매가 조선 국왕·신하 등과 결당하고 있으며, 양호와 가토의 강화교섭은 '밀통'이라고 주장했다. 더욱이 김응서(金應瑞)가 군사기밀을 흘렸고, 이원익(李元翼)과 권율 등이 일본군과 싸우려 하지 않고 조선 왕자와 유성룡(柳成龍)·이원익이 가토와 서로 내통하고 있다고 하면서 조·일의 결탁을 주장했다.

이것은 명 조정에서 강화파인 조지고가 세력을 얻어 주전파인 장위와 대립하는 가운데 생긴 사건이다. 정응태의 주장은 강화파 입지를 강화함과 동시에 조선의 강화 반대를 억제하여 일·명, 조·일의 강화를 실현시키기 위한 것이었다. 이 때문에 정응태의 무고는 조선의 외교·군사권을 명의 통제 아래에 두려는 의도가 숨어 있었다. 이에 대하여 조선은 두 번에 걸쳐 진주사를 파견하여 신종(神宗: 만력제)과 명 조정에 변명했다.

그리고 1598년 9월 정응태는 신종의 명령으로 재차 조선을 방문한 뒤 또다시 명 조정에 상주하여, ①이 전란은 조선이 구토(만주)를 회복하기 위해 일본과 결탁하여 일으킨 것으로, 이는 조선에게 일본과의 외교권을 인정한 데서 기인한 것이니 조선에게 일본과의 외교권을 인정해서는 안 되며, ② 양호 등이 가토와 서로 통하는 것은 조선과 양호가 결탁했음을 보여주는 것이고, 이는 명 조정이 일·명 간의 강화교섭을 확실하게 하지 않았기 때문이며, ③양호가 조선에게 성을 쌓도록 한 것은 명에게는 재앙이니, 조선의 군사권을 명의 통제 아래에 두어야만 한다고 주장하였다.

이러한 정응태의 2차 무고는 조선에게 최악의 사건이었다. 정응태 일파의 강화 구상은 조선의 외교·군사권을 명이 장악하여 조·일 사이에 생기는 문제를 차단하고 일·명이 강화를 맺는 것으로 전쟁을 끝내고자 한 것이었다. 이에 대해 선조는 양위와 정사 중단, 진주사 파견 등 할 수 있는 모든 수단을 동원한다. 이러한 대응을 통하여 선조는 조선의 외교·군사권의 독립을 지키고 일·명의 강화교섭을 차단하려 했던 것이다. 이것이 임진왜란 후 조선이 일본과의 강화교섭에 적극성을 보인 이유 중 하나다.

정유재란은 조선 남부 지역에 한정되어 있었고 명군과 조선군의 저항으로 일본군은 대체로 열세를 면치 못하였다. 특히 이순신이 이끄는 수군이 명량해전에서 승리함으로써 일본군은 조선 남해안으로 철군하지 않으면 안 되었다. 이 와중에 1598년 8월 히데요시가 사망했다. 이를 계기로 시마즈 요시히로와 명의 제독 훈일원 및 모국기·팽우덕의 교섭, 고니시와 명장 유연 및 진린(陳璘) 사이에 철병교섭이 시작되었다.

이리하여 진린은 11월 13일 병장기 수리를 구실 삼아 진
을 풀었고 유연은 11월 14일 일본군을 유인한다는 명목으로
순천과 왜교에서 철수하였다. 이러한 교섭에 의한 일본군 철
수는 11월 19일 이순신과 진린의 공격으로 좌절하지만, 노
량해전에서 이순신이 전사함으로써 일본군은 무사히 철병
할 수 있게 되었다(진린은 고니시와의 철병교섭을 양해하고 있어서
이 전투에 소극적이었다). 이리하여 1598년 11월 정유재란은 종
결되었다.

조선 침략기의 히데요시 정권

히데쓰구의 할복

히데요시는 1590년 일본 전국을 통일하였다. 그런데
1591년은 히데요시 정권에게 매우 불안한 해이기도 했다.
1591년에 히데요시의 동생이자 정권의 제2인자였던 도요토
미 히데나가(豊臣秀長)가 사망했다. 히데나가는 1590년 1월
경부터 병이 악화되어 오다와라 평정에도 참전하지 못하였
고 결국 1591년 1월 22일 향년 52세로 야마토 고리야마성(郡
山城)에서 병사하였다. 히데나가는 대를 이을 아들이 없었기
때문에 양자였던 조카 히데쓰구(秀次)의 동생 히데야스(秀保)

가 이어받았다.

2월 23일 히데요시는 돌연 센노 리큐를 교토에서 사카이로 추방하고 자택에서 근신하라고 명했다. 리큐 교토 추방의 공식 이유는 그가 2년 전 다이토쿠지를 수축할 때 문 위에 자신의 목상을 세우고 그 밑으로 히데요시를 지나가게 했다는 것이었다. 리큐 제자들인 호소카와 다다오키(細川忠興), 마에다 도시이에 등 다이묘들이 청원하였으나, 히데요시는 리큐를 교토로 불러들여 할복을 명하였고 결국 리큐의 목은 이치조 모도리바시(一条戻橋)에 걸렸다.

한편 1589년 5월 27일 태어나 후계자로 지목되어 있던 히데요시 아들 쓰루마쓰(鶴松)가 1591년 8월 5일 병사했다. 이렇게 어수선한 상황 속에 히데요시는 1591년 8월 '내년 (1592년)에 조선 침략을 결행한다'고 공포하고, 히젠 나고야에 조선 침략 거점으로 나고야성을 수축하게 했다.

상속자를 잃은 히데요시는 11월 조카 히데쓰구를 양자로 맞아 자신의 후계자로 삼고, 히데요시는 히데쓰구에게 간파쿠직을 물려주었다. 히데요시는 히데쓰구에게 일본 국내 통치를 맡기고, 자신은 조선 침략에 전념하고자 했다고 한다. 12월 28일 히데쓰구는 간파쿠에 취임하였고 히데쓰구는 주라쿠테이에서 주로 거주하면서 정무를 보았다. 그러나 히데요시가 정한 '고핫토(御法度)' '온오키메(御置目)'에 따르도록

되어 있어서 히데요시는 여전히 통치자로 군림하고 있었다.

그런데 1593년 8월 3일 오사카성 니노마루(二の丸)에서 측실 요도도노(淀殿)가 히데요리(秀頼)를 낳았다. 이 소식을 들은 히데요시는 대단히 기뻐했다. 야마시나 도키쓰네(山科言経)의 『도키쓰네교키(言経卿記)』에 따르면, 9월 4일 히데요시는 일본을 5등분하여 그 5분의 4를 히데쓰구에게, 5분의 1을 히데요리에게 양여한다 했다고 한다. 그리고 고마이 시게가쓰(駒井重勝)의 『고마이일기(駒井日記)』 10월 1일조에 의하면, 장래 마에다 도시이에 부자를 중매인으로 하여 히데쓰구의 딸 로게쓰인(露月院)과 히데요리를 결혼시켜 히데쓰구와 히데요리에게 정권을 물릴 생각이었다고 한다.

그런데 히데쓰구는 히데요리의 탄생으로 간파쿠에서 쫓겨나지 않을까 초조하고 불안해했다. 히데쓰구는 히데요리가 태어나고 나서부터 천식 증상이 심해져 심신이 불안정했다. 아타미(熱海) 온천 치료도 히데쓰구의 천식 치료를 위한 것이었고 히데요시의 히데요리에 대한 노골적인 편애로 히데쓰구의 병세는 더욱 심해졌다. 그러나 겉으로는 히데요시와 히데쓰구 사이는 양호했다.

히데요시는 히데쓰구를 교토 주라쿠테이에, 히데요리를 오사카성에 거주하게 하고, 자신은 후시미성(伏見城)에 있으면서 히데쓰구·히데요리 그리고 자신의 상호 관계를 유지하려고 했다. 후시미성은 히데요시의 은거를 위한 성이었으나 당시 많은 다이묘 저택들이 들어서 히데쓰구를 감시하는 역할을 했다. 히데요시는 4월 모자와 함께 신축한 후시미성으로 거처를 옮기려 하였으나, 요도도노가 두 살로 사망한 쓰루마쓰를 생각하여 지금 움직이는 것은 나쁘다고 주장하면서 이들의 후시미성 입성은 다음 해 3월까지 연기되었다.

한편 히데쓰구는 1593년 조선으로 출정할 예정이었으나 병으로 취소되었다. 당시 구로다 요시타카는 히데쓰구에게 히데요시 대신 조선으로 도해할 것을 건의하면서, 만약 그렇게 하지 않으면 간파쿠 지위를 잃게 될 것이라 말하였다. 그러나 히데쓰구는 이 건의를 받아들이지 않고 방탕한 생활을 하였다고 한다.

이렇게 히데요시와 히데쓰구가 껄끄러운 관계에 있었던 1595년 6월 말 히데쓰구의 모반 의혹이 터졌다. 히데쓰구가 사냥을 구실로 산중에서 모반을 모의했다는 것이다. 7월 3일 이시다 미쓰나리·마에다 겐이(前田玄以)·마시타 나가모리(増田長盛)·미야베 게이준(宮部継潤)·도미타 잇파쿠(富田一白) 등 5인이 주라쿠테이의 히데쓰구를 방문하여 모반 의혹에 관해 따져 묻고, 서지를 제출하라고 요구했다. 이에 히데쓰구는 모반 의혹을 부정하고 「기청문」을 제출하여 역심이 없음을 보였다.

그런데 히데쓰구는 같은 날(7월 3일) 조정에 백은(白銀) 3,000매, 제1황자 가쿠신홋신노(覚深法親王)에게 500매, 준산구 가주지 하루코(准三宮勧修寺晴子)와 고노에 사키코(近衛前子)에게 각각 500매, 하치조노미야 도시히토신노(八条宮智仁親王)에게 300매, 쇼고인 도초(聖護院道澄)에게 500매를 헌상했다. 이는 히데쓰구가 조정에 모종의 공작을 행한 것으로 보였기 때문에 이런 일로 말미암아 모반의 의심은 더욱 짙어졌다.

한편 7월 5일 히데쓰구가 전년 봄 가신을 모리 데루모토에게 파견하여 독자적으로 서약하고 연판장을 작성했다는 보고가 있어서 이시다 미쓰나리는 이를 히데요시에게 보고하였다. 이에 히데요시는 히데쓰구에게 소환을 명했고 8일 사자가 히데쓰구를 방문하여 후시미로 출두하라고 독촉하였다. 이에 히데쓰구는 후시미성으로 갔으나 히데요시는 히데쓰구를 만나지도 않았고 히데쓰구를 기노시타 요시카타(木下吉隆)의 집에 유치시켰다. 그날 밤 히데쓰구는 삭발을 명받았고 고야산의 세이간지(青巌寺)에 칩거하였다. 15일 상사(上使) 후쿠시마 마사노리(福島正則)·이케다 히데카쓰(池田秀雄)·후쿠하라 나가타카(福原長堯) 등이 히데쓰구를 방문하여 할복 명령을 전하였고, 결국 히데쓰구는 할복하였다. 히데쓰구의 목은 8월 2일 산조 가와라에 걸리고, 그의 아들들과 측실·시녀 등 29명도 처형되었다.

산 펠리페호 사건과 26성인의 처형

한편, 1596년 8월 28일 무역선 산 펠리페(San Felipe)호가 멕시코를 향하던 중 동중국해에서 태풍을 만나 심한 피해를 입고 도사오키(土佐沖)에 표착했다. 이 소식에 접한 조소카베 모토치카는 산 펠리페호를 우라도만내(浦戸湾内)로 예인하려 했으나 도중 좌초하여 선원들을 나가하마(長浜)로 데려왔다. 당시 무역선에는 선교사들이 동승하고 있었다.

산 펠리페호에도 프란시스코회 선교사 3인, 아우구스티노 회 선교사 4인, 도미니크회 선교사 1인이 타고 있었다. 산 펠리페호 선장 마티아스 데 란덴초는 히데요시에게 사자를 파견하여 배를 수선하고 신병을 안전하게 해달라고 했다. 그러나 산 펠리페호의 사자들은 히데요시 알현이 허락되지 않았고 대신, 마시타 나가모리(增田長盛)가 우라도(浦戸)로 파견되었다. 그런데 산 펠리페호의 사자 가운데 한 명이 나가하마로 돌아와 화물은 몰수될 것이고 선원들은 억류되었다가 처형될 가능성이 있다고 전했다.

우라도에 온 나가모리는 인원 명부와 화물 목록을 작성하여 화물과 소지품을 몰수하고 선원들을 억류하였다. 이때 화난 항해장 오란디아가 세계지도를 펴놓고 나가모리에게 스페인은 광대한 영토를 영유한 나라이고 일본이 얼마나 작은 나라인지를 알려주었다고 한다. 이에 나가모리가 스페인이 어떻게 광대한 영토를 영유하게 되었는지를 묻자 항해장은 스페인 국왕은 세계에 선교사를 파견하여 선교와 더불어 정복 사업을 한다고 하면서 우선 정복 대상지를 선교하고 난 후 병력을 파견하여 병탄한다고 했다. 결국 나가모리는 스페인 사람들은 모두 해적이며, 페루·멕시코(노비스파니아)·필리핀을 무력으로 제압했듯이, 일본을 제압하기 위해 측량하러 왔음이 틀림없다는 이야기를 교토에 있는 포르투갈 사람들에게 들었다고 히데요시에게 보고했다(그러나 위 내용은 신뢰하기 어려운 점이 많다).

이 보고를 받은 히데요시는 1596년 12월 8일 기독교 금교령을 다시 명하고, 교토와 오사카에 있던 프란시스코회 선교사 3인과 수도사 3인, 일본인 신도 20인을 체포하여, 이들을 나가사키로 보내 12월 19일 처형하였다(26성인).

선장 란덴초는 배를 수선하기 위해 히데요시를 알현하고자 하였고 모토치카는 그의 상경을 허가하였다. 그러나 교섭 중재를 의뢰하려던 프란시스코회 선교사들이 이미 체포된 후여서 선원들 스스로 항의하였고, 이에 히데요시는 이들의 요구를 받아들여 산 펠리페호 수리에 착수했다. 산 펠리페호는 1597년 4월 우라도를 출항하여 5월에 마닐라에 도착했다.

이들은 마닐라에서 상세히 조사받았다. 그 결과 1597년 9월 스페인 사절 나바레테 등을 일본에 파견하여 산 펠리페호의 화물 반환과 선교사 유체를 인도해달라고 요구하였다. 그러나 이 요구는 거절되었다.

히데요시의 죽음

1595년 히데쓰구 사건으로 히데요시 정권은 위기에 처해 있었다. 히데요시는 히데쓰구 사건의 배후에 다이묘들이 결혼관계를 통해 도당을 결성하여 모반을 준비했다고 의심하여 관계 다이묘들을 연좌시키려 하였다. 이에 이에야스가 히데요시의 이러한 의심을 풀기 위해 노력하였다 한다.

히데요시는 의심을 해소하는 방안으로 당시 유력 다이묘 29인에게 히데요리에 대한 충성을 혈서로 맹세하게 하였다. 그리고 다이묘들이 히데요시의 허락 없이 통혼하지 말 것, 다이묘 간의 서지 교환 금지, 싸움과 말다툼에서 참는 자가 도리에 합당하다는 것, 참언하는 자가 있다면 쌍방을 불러 반드시 규명할 것, 가마는 이에야스, 도시이에, 가게카쓰, 데루모토, 다카카게만 탈 것 등을 내용으로 하는 5개조의 온오키테(御掟)와 공가 이하 백성 통제에 관련한 9개조의 온오키테추가(御掟追加)를 유력 다이묘 도쿠가와 이에야스, 모리 데루모토, 우에스기 가게카쓰, 마에다 도시이에, 우키티 히데이에, 고바야카와 다카카게 등 6인에게 연서하게 했다. 이후 위 6인을 도요토미 정권의 대로(大老)라 불렀다(다카카게는 1597년 사망).

한편 히데요시 정권의 행정을 위해 1585년경 5봉행(奉行)을 두었다. 봉행은 때에 따라 인원수도 사람도 달랐으나 재정출납·치안유지·도자마 다이묘, 특히 이에야스에 대한 대책 등을 담당했다. 아사노 나가마사가 사법, 마에다 겐이가 종교, 이시다 미쓰나리가 행정, 마시타 나가모리(增田長盛)가 토목, 나쓰카 마사이에(長東正家)가 재정을 주로 담당하였다.

그런 가운데 히데요시는 1598년 3월 후시미 다이고지(醍醐寺)에서 히데요리와 아내 오네와 함께 꽃놀이를 즐겼으나 5월경부터 병마에 시달리게 된다. 마침내 5월 15일 이에야스, 도시이에·도시나가, 히데이에, 가게카쓰, 데루모토 등 5대로와 이들의 적남, 5봉행 중 겐이, 마사이에에게 11개조 「유언장」을 보내고 이들은 혈서로 유언 내용을 지키겠다고 맹세했다.

히데요시의 유언 내용은 5대로가 히데요리를 보좌할 것, 5봉행은 싸움이나 말다툼이 발생했을 때 쌍방의 의견을 들어 중재할 것, 5봉행이 수입을 결재한 후 이에야스와 도시이에에게 다시 보고·확인할 것, 여러 내용에 대해 이에야스와 도시이에에게 의견을 구하고 이들의 의견에 따를 것, 이에야스는 후시미성에서 정무를 보고, 겐이와 마사이에는 후시미성 루스이역(留守居役)을 담당할 것, 도시이에는 오사카성에서 히데요리를 지킬 것 등이다.

위 내용을 종합하면, 이에야스가 전국에 걸쳐 정무를 담당하고, 도시이에가 도요토미가의 내정을 총괄하라는 것이었다. 그리고 자신을 하치만신(八幡神)으로 신격화할 것과 매장할 것을 유언했다고 한다.

그 뒤 7월 4일 히데요시는 죽음을 직감하면서 이에야스 등 다이묘들을 불러들여 히데요리의 후견인으로 이에야스를 지목하고, 8월 5일 다시 5대로에게 「유언서」를 전했다. 이러한 죽음에 대비한 준비를 마친 히데요시는 1598년 8월 18일 후시미성에서 62세의 일기로 파란만장한 생애를 마감했다.

독자 스스로의 역사상을 세워야

항상 그렇듯이, 집필을 마치고 나면 회한이 밀려든다. 좀더 노력하고 정성을 다하여 집필했더라면 좋았을 텐데 하고.

대학원 과정을 마치고 강사를 시작할 즈음, 지도 선생님께 "제 실력으로 학생들을 가르칠 수 있겠습니까"라고 여쭌 적이 있다. 그때 선생님께서 "그럼 자네는 영원히 학생들을 가르칠 수 없을 것이네"라고 말씀하셨다. 생각해보니 선생님의 말씀은 실력이 완성될 날은 영원히 없다는 말씀이셨다.

대학시절 선생님 한 분은 "아는 것과 모르는 것의 관계를 아는 것은 공과 같아서, 모르는 것은 공의 표면으로 아는 것의 세제곱으로 늘어나는 것"이라 말씀하셨다. 이 말씀을 나는, 아는 것에 자만하지 말고 모르는 것을 절차탁마하고 학문에 겸손하라는 의미로 받아들였다.

나는 선생님들의 이러한 말씀을 항상 귀감으로 여기며 살아왔다. 대단히 부끄러운 일이나 선생님들의 이러한 말씀에 응석부리며 기대어, 부족하고 미완성인 상태로 이 책을 상재한다. 후학과 독자들이 이 책의 미흡함을 보충하리라 생각한다. 그래서 부끄러움과 회한을 뒤로하고자 한다.

「머리말」에서 언급했듯이 이 책은 '타자'로서의 일본 이해, 지면이 허락하는 한 많은 일본 역사상들의 담담한 소개, '동아시아국제전쟁'으로서의 임진왜란을 그려보고자 하였다. 그러나 결과는 그리 만족스럽지 못하다. 이 부분에 대한 평가는 오롯이 독자들의 몫이다. 아니, 독자들은 이 책을 '텍스트'로 읽으면서 이 책에 대한 냉혹한 비판을 통해 독자들 스스로의 역사상을 확보할 수 있길 바란다. 그것이야말로 내가 가장 기대하는 바다. 그리고 그러한 과정에서 이 책이 독자들에게 조금이라도 도움이 되었다면 그것으로 충분하다.

끝으로 이 책이 상재될 수 있도록 무단히 애써주신 살림출판사 관계자분들께 정중한 예의를 갖추어 감사한 마음을 올린다.

2019년 8월 5일
그리 쾌적하지 않은 연구실에서

참고문헌

손승철, 『근세조선의 한일관계사』, 국학자료원, 1999.

이장희, 『임진왜란사 연구』, 아세아문화사, 1999.

이형석, 『임진왜란사』 상·중·하, 임진왜란사 간행위원회, 1954.

정두희·이경순 엮음, 『임진왜란과 동아시아 삼국전쟁』, ㈜휴머니스트출판그
　　룹, 2007.

한명기, 『임진왜란과 한중관계』, 역사비평사, 1998.

『岩波講座日本歷史』近世 1, 岩波書店, 1975.

『岩波講座日本歷史』近世 1, 岩波書店, 2014.

『岩波講座日本通史』近世 1, 岩波書店, 1994.

谷口克宏, 『信長と将軍義昭』, 中央公論社, 2014.

貫井正之, 『豊臣政権の海外侵略と朝鮮義兵研究』, 青木書店, 1996.

今井林太郎, 『織田信長』, 筑摩書房, 1991.

大和田哲男,『豊臣秀吉』,中央公論社, 1985.

藤木久志,『織田・豊臣政権』日本の歴史 15, 小学館, 1975.

藤本正行,『信長の戦争』,講談社, 2003.

鈴木良一,『織田信長』,岩波書店, 1967

北島万次,『豊臣秀吉の朝鮮侵略』,吉川弘文館, 1995.

北島万次,『秀吉の朝鮮侵略と民衆』,岩波書店, 2012.

桑田忠親,『豊臣秀吉のすべて』,新人物往来社, 1961.

小和田哲男,『今川義元』,ミネルバ書房, 2004.

水林辰三郎,『天下統一』日本の歴史 12, 中央公論社, 1965.

神田千里,『秀吉の天下統一戦争』,吉川弘文館, 2006.

神田千里,『織田信長』,ちくま書房, 2014.

熱田公,『日本の歴史』11, 集英社, 1992.

李啓煌,『東アジアと文禄・慶長の役』,臨川書店, 1997.

一村高男,『東国の戦国合戦』,吉川弘文館, 2009.

朝尾直弘編,『日本の近世』(1), 中央公論社, 1991.

中野等,『秀吉の軍令と大陸侵略』,吉川弘文館, 2006.

中野等,『文禄・慶長の役』,吉川弘文館, 2008.

池内宏,『文禄慶長の役』正編,吉川弘文館, 大正3年.

池上裕子,『織田信長』,吉川弘文館, 2012.

池享,『戦国大名と一揆』,吉川弘文館, 2009.

脇田修,『織田信長』,中央公論社, 1987.

吉川弘文館　人物叢書:『浅井氏三代』『伊達正宗』『武田信玄』『足利義昭』
『長宗我部元親』『大友宗麟』『朝倉義景』『大内義隆』

프랑스엔 〈크세주〉, 일본엔 〈이와나미 문고〉,
한국에는 〈살림지식총서〉가 있습니다.

001 미국의 좌파와 우파 | 이주영
002 미국의 정체성 | 김형인
003 마이너리티 역사 | 손영호
004 두 얼굴을 가진 하나님 | 김형인
005 MD | 정욱식
006 반미 | 김진웅
007 영화로 보는 미국 | 김성곤
008 미국 뒤집어보기 | 장석정
009 미국 문화지도 | 장석정
010 미국 메모랜덤 | 최성일
011 위대한 어머니 여신 | 장영란
012 변신이야기 | 김선자
013 인도신화의 계보 | 류경희
014 축제인류학 | 류정아
015 오리엔탈리즘의 역사 | 정진농
016 이슬람 문화 | 이희수
017 살롱문화 | 서정복
018 추리소설의 세계 | 정규웅
019 애니메이션의 장르와 역사 | 이용배
020 문신의 역사 | 조현설
021 색채의 상징, 색채의 심리 | 박영수
022 인체의 신비 | 이성주
023 생물학무기 | 배우철
024 이 땅에서 우리말로 철학하기 | 이기상
025 중세는 정말 암흑기였나 | 이경재
026 미셸 푸코 | 양운덕
027 포스트모더니즘에 대한 성찰 | 신승환
028 조폭의 계보 | 방성수
029 성스러움과 폭력 | 류성민
030 성상 파괴주의와 성상 옹호주의 | 진형준
031 UFO학 | 성시정
032 최면의 세계 | 설기문
033 천문학 탐구자들 | 이면우
034 블랙홀 | 이충환
035 법의학의 세계 | 이윤성
036 양자 컴퓨터 | 이순칠
037 마피아의 계보 | 안혁
038 헬레니즘 | 윤진
039 유대인 | 정성호
040 M. 엘리아데 | 정진홍
041 한국교회의 역사 | 서정민
042 야훼와 바알 | 김남일
043 캐리커처의 역사 | 박창석
044 한국 액션영화 이야기 | 오승욱
045 한국 문예영화 이야기 | 김남석
046 포켓몬 마스터 되기 | 김윤아

047 판타지 | 송태현
048 르 몽드 | 최연구
049 그리스 사유의 기원 | 김재홍
050 영혼론 입문 | 이정우
051 알베르 카뮈 | 유기환
052 프란츠 카프카 | 편영수
053 버지니아 울프 | 김희정
054 재즈 | 최규용
055 뉴에이지 음악 | 양한수
056 중국의 고구려사 왜곡 | 최광식
057 중국의 정체성 | 강준영
058 중국의 문화 코드 | 강진석
059 중국사상의 뿌리 | 장현근
060 화교 | 정성호
061 중국인의 금기 | 장범성
062 무협 | 문현선
063 중국영화 이야기 | 임대근
064 경극 | 송철규
065 중국적 사유의 원형 | 박정근
066 수도원의 역사 | 최형걸
067 현대 신학 이야기 | 박만
068 요가 | 류경희
069 성공학의 역사 | 정해윤
070 진정한 프로는 변화가 즐겁다 | 김학선
071 외국인 직접투자 | 송의달
072 지식의 성장 | 이한구
073 사랑의 철학 | 이정은
074 유교문화와 여성 | 김미영
075 매체 정보란 무엇인가 | 구연상
076 피에르 부르디외와 한국사회 | 홍성민
077 21세기 한국의 문화혁명 | 이정덕
078 사건으로 보는 한국의 정치변동 | 양길현
079 미국을 만든 사상들 | 정경희
080 한반도 시나리오 | 정욱식
081 미국인의 발견 | 우수근
082 미국의 거장들 | 김홍국
083 법으로 보는 미국 | 채동배
084 미국 여성사 | 이창신
085 책과 세계 | 강유원
086 유럽왕실의 탄생 | 김현수
087 박물관의 탄생 | 전진성
088 절대왕정의 탄생 | 임승휘
089 커피 이야기 | 김성윤
090 축구의 문화사 | 이은호
091 세기의 사랑 이야기 | 안재필
092 반연극의 계보와 미학 | 임준서

093 한국의 연출가들 | 김남석
094 동아시아의 공연예술 | 서연호
095 사이코드라마 | 김정일
096 철학으로 보는 문화 | 신응철
097 장 폴 사르트르 | 변광배
098 프랑스 문화와 상상력 | 박기현
099 아브라함의 종교 | 공일주
100 여행 이야기 | 이진홍
101 아테네 | 장영란
102 로마 | 한형곤
103 이스탄불 | 이희수
104 예루살렘 | 최창모
105 상트 페테르부르크 | 방일권
106 하이델베르크 | 곽병휴
107 파리 | 김복래
108 바르샤바 | 최건영
109 부에노스아이레스 | 고부안
110 멕시코 시티 | 정혜주
111 나이로비 | 양철준
112 고대 올림픽의 세계 | 김복희
113 종교와 스포츠 | 이창익
114 그리스 미술 이야기 | 노성두
115 그리스 문명 | 최혜영
116 그리스와 로마 | 김덕수
117 알렉산드로스 | 조현미
118 고대 그리스의 시인들 | 김헌
119 올림픽의 숨은 이야기 | 장원재
120 장르 만화의 세계 | 박인하
121 성공의 길은 내 안에 있다 | 이숙영
122 모든 것을 고객중심으로 바꿔라 | 안상헌
123 중세와 토마스 아퀴나스 | 박경숙
124 우주 개발의 숨은 이야기 | 정홍철
125 나노 | 이영희
126 초끈이론 | 박재모·현승준
127 안토니 가우디 | 손세관
128 프랭크 로이드 라이트 | 서수경
129 프랭크 게리 | 이일형
130 리차드 마이어 | 이성훈
131 안도 다다오 | 임채진
132 색의 유혹 | 오수연
133 고객을 사로잡는 디자인 혁신 | 신언모
134 양주 이야기 | 김준철
135 주역과 운명 | 심의용
136 학계의 금기를 찾아서 | 강성민
137 미·중·일 새로운 패권전략 | 우수근
138 세계지도의 역사와 한반도의 발견 | 김상근
139 신용하 교수의 독도 이야기 | 신용하
140 간도는 누구의 땅인가 | 이성환
141 말리노프스키의 문화인류학 | 김용환
142 크리스마스 | 이영제
143 바로크 | 신정아
144 페르시아 문화 | 신규섭
145 패션과 명품 | 이재진
146 프랑켄슈타인 | 장정희
147 뱀파이어 연대기 | 한혜원
148 위대한 힙합 아티스트 | 김정훈
149 살사 | 최명호
150 모던 걸, 여우 목도리를 버려라 | 김주리
151 누가 하이카라 여성을 데리고 사누 | 김미지
152 스위트 홈의 기원 | 백지혜
153 대중적 감수성의 탄생 | 강심호
154 에로 그로 넌센스 | 소래섭
155 소리가 만들어낸 근대의 풍경 | 이승원
156 서울은 어떻게 계획되었는가 | 염복규
157 부엌의 문화사 | 함한희
158 칸트 | 최인숙
159 사람은 왜 인정받고 싶어하나 | 이정은
160 지중해학 | 박상진
161 동북아시아 비핵지대 | 이삼성 외
162 서양 배우의 역사 | 김정수
163 20세기의 위대한 연극인들 | 김미혜
164 영화음악 | 박신영
165 한국독립영화 | 김수남
166 영화와 샤머니즘 | 이종승
167 영화로 보는 불륜의 사회학 | 황혜진
168 J.D. 샐린저와 호밀밭의 파수꾼 | 김성곤
169 허브 이야기 | 조태동·송진희
170 프로레슬링 | 성민수
171 프랑크푸르트 | 이기식
172 바그다드 | 이동은
173 아테네인, 스파르타인 | 윤진
174 정치의 원형을 찾아서 | 최자영
175 소르본 대학 | 서정복
176 테마로 보는 서양미술 | 권용준
177 칼 마르크스 | 박영균
178 허버트 마르쿠제 | 손철성
179 안토니오 그람시 | 김현우
180 안토니오 네그리 | 윤수종
181 박이문의 문학과 철학 이야기 | 박이문
182 상상력과 가스통 바슐라르 | 홍명희
183 인간복제의 시대가 온다 | 김홍재
184 수소 혁명의 시대 | 김미선
185 로봇 이야기 | 김문상
186 일본의 정체성 | 김필동
187 일본의 서양문화 수용사 | 정하미
188 번역과 일본의 근대 | 최경옥
189 전쟁국가 일본 | 이성환
190 한국과 일본 | 하우봉
191 일본 누드 문화사 | 최유경
192 주신구라 | 이준섭
193 일본의 신사 | 박규태
194 미야자키 하야오 | 김윤아
195 애니메이션으로 보는 일본 | 박규태
196 디지털 에듀테인먼트 스토리텔링 | 강심호
197 디지털 애니메이션 스토리텔링 | 배주영
198 디지털 게임의 미학 | 전경란
199 디지털 게임 스토리텔링 | 한혜원
200 한국형 디지털 스토리텔링 | 이인화

201 디지털 게임, 상상력의 새로운 영토 | 이정엽
202 프로이트와 종교 | 권수영
203 영화로 보는 태평양전쟁 | 이동훈
204 소리의 문화사 | 김토일
205 극장의 역사 | 임종엽
206 뮤지엄건축 | 서상우
207 한옥 | 박명덕
208 한국만화사 산책 | 손상익
209 만화 속 백수 이야기 | 김성훈
210 코믹스 만화의 세계 | 박석환
211 북한만화의 이해 | 김성훈·박소현
212 북한 애니메이션 | 이대연·김경임
213 만화로 보는 미국 | 김기홍
214 미생물의 세계 | 이재열
215 빛과 색 | 변종철
216 인공위성 | 장영근
217 문화콘텐츠란 무엇인가 | 최연구
218 고대 근동의 신화와 종교 | 강성열
219 신비주의 | 금인숙
220 십자군, 성전과 약탈의 역사 | 진원숙
221 종교개혁 이야기 | 이성덕
222 자살 | 이진홍
223 성, 그 억압과 진보의 역사 | 윤가현
224 아파트의 문화사 | 박철수
225 권오길 교수가 들려주는 생물의 섹스 이야기 | 권오길
226 동물행동학 | 임신재
227 한국 축구 발전사 | 김성원
228 월드컵의 위대한 전설 | 서준형
229 월드컵의 강국들 | 심재희
230 스포츠 마케팅의 세계 | 박찬혁
231 일본의 이중권력, 쇼군과 천황 | 다카시로 고이치
232 일본의 사소설 | 안영희
233 글로벌 매너 | 박한표
234 성공하는 중국 진출 가이드북 | 우수근
235 20대의 정체성 | 정성호
236 중년의 사회학 | 정성호
237 인권 | 차병직
238 헌법재판 이야기 | 오호택
239 프라하 | 김규진
240 부다페스트 | 김성진
241 보스턴 | 황선희
242 돈황 | 전인초
243 보들레르 | 이건수
244 돈 후안 | 정동섭
245 사르트르 참여문학론 | 변광배
246 문체론 | 이종오
247 올더스 헉슬리 | 김효원
248 탈식민주의에 대한 성찰 | 박종성
249 서양 무기의 역사 | 이내주
250 백화점의 문화사 | 김인호
251 초콜릿 이야기 | 정한진
252 향신료 이야기 | 정한진
253 프랑스 미식 기행 | 심순철
254 음식 이야기 | 윤진아

255 비틀스 | 고영탁
256 현대시와 불교 | 오세영
257 불교의 선악론 | 안옥선
258 질병의 사회사 | 신규환
259 와인의 문화사 | 고형욱
260 와인, 어떻게 즐길까 | 김준철
261 노블레스 오블리주 | 예종석
262 미국인의 탄생 | 김진웅
263 기독교의 교파 | 남병두
264 플로티노스 | 조규홍
265 아우구스티누스 | 박경숙
266 안셀무스 | 김영철
267 중국 종교의 역사 | 박종우
268 인도의 신화와 종교 | 정광흠
269 이라크의 역사 | 공일주
270 르 코르뷔지에 | 이관석
271 김수영, 혹은 시적 양심 | 이은정
272 의학사상사 | 여인석
273 서양의학의 역사 | 이재담
274 몸의 역사 | 강신익
275 인류를 구한 항균제들 | 예병일
276 전쟁의 판도를 바꾼 전염병 | 예병일
277 사상의학 바로 알기 | 장동민
278 조선의 명의들 | 김호
279 한국인의 관계심리학 | 권수영
280 모건의 가족 인류학 | 김용환
281 예수가 상상한 그리스도 | 김호경
282 사르트르와 보부아르의 계약결혼 | 변광배
283 초기 기독교 이야기 | 진원숙
284 동유럽의 민족 분쟁 | 김철민
285 비잔틴제국 | 진원숙
286 오스만제국 | 진원숙
287 별을 보는 사람들 | 조상호
288 한미 FTA 후 직업의 미래 | 김준성
289 구조주의와 그 이후 | 김종우
290 아도르노 | 이종하
291 프랑스 혁명 | 서정복
292 메이지유신 | 장인성
293 문화대혁명 | 백승욱
294 기생 이야기 | 신현규
295 에베레스트 | 김법모
296 빈 | 인성기
297 발트3국 | 서진석
298 아일랜드 | 한일동
299 이케다 하야토 | 권혁기
300 박정희 | 김성진
301 리콴유 | 김성진
302 덩샤오핑 | 박형기
303 마거릿 대처 | 박동운
304 로널드 레이건 | 김형곤
305 셰이크 모하메드 | 최진영
306 유엔사무총장 | 김정태
307 농구의 탄생 | 손대범
308 홍차 이야기 | 정은희

309 인도 불교사 | 김미숙
310 아힌사 | 이정호
311 인도의 경전들 | 이재숙
312 글로벌 리더 | 백형찬
313 탱고 | 배수경
314 미술경매 이야기 | 이규현
315 달마와 그 제자들 | 우봉규
316 화두와 좌선 | 김호귀
317 대학의 역사 | 이광주
318 이슬람의 탄생 | 진원숙
319 DNA분석과 과학수사 | 박기원
320 대통령의 탄생 | 조지형
321 대통령의 퇴임 이후 | 김형곤
322 미국의 대통령 선거 | 윤용희
323 프랑스 대통령 이야기 | 최연구
324 실용주의 | 이유선
325 맥주의 세계 | 원융희
326 SF의 법칙 | 고장원
327 원효 | 김원명
328 베이징 | 조창완
329 상하이 | 김윤희
330 홍콩 | 유영하
331 중화경제의 리더들 | 박형기
332 중국의 엘리트 | 주장환
333 중국의 소수민족 | 정재남
334 중국을 이해하는 9가지 관점 | 우수근
335 고대 페르시아의 역사 | 유흥태
336 이란의 역사 | 유흥태
337 에스파한 | 유흥태
338 번역이란 무엇인가 | 이향
339 해체론 | 조규형
340 자크 라캉 | 김용수
341 하지홍 교수의 개 이야기 | 하지홍
342 다방과 카페, 모던보이의 아지트 | 장유정
343 역사 속의 채식인 | 이광조
344 보수와 진보의 정신분석 | 김용신
345 저작권 | 김기태
346 왜 그 음식은 먹지 않을까 | 정한진
347 플라멩코 | 최명호
348 월트 디즈니 | 김지영
349 빌 게이츠 | 김익현
350 스티브 잡스 | 김상훈
351 잭 웰치 | 하정필
352 워렌 버핏 | 이민주
353 조지 소로스 | 김성진
354 마쓰시타 고노스케 | 권혁기
355 도요타 | 이우광
356 기술의 역사 | 송성수
357 미국의 총기 문화 | 손영호
358 표트르 대제 | 박지배
359 조지 워싱턴 | 김형곤
360 나폴레옹 | 서정복
361 비스마르크 | 김장수
362 모택동 | 김승일

363 러시아의 정체성 | 기연수
364 너는 시방 위험한 로봇이다 | 오은
365 발레리나를 꿈꾼 로봇 | 김선혁
366 로봇 선생님 가라사대 | 안동근
367 로봇 디자인의 숨겨진 규칙 | 구신애
368 로봇을 향한 열정, 일본 애니메이션 | 안병욱
369 도스토예프스키 | 박영은
370 플라톤의 교육 | 장영란
371 대공황 시대 | 양동휴
372 미래를 예측하는 힘 | 최연구
373 꼭 알아야 하는 미래 질병 10가지 | 우정헌
374 과학기술의 개척자들 | 송성수
375 레이첼 카슨과 침묵의 봄 | 김재호
376 좋은 문장 나쁜 문장 | 송준호
377 바울 | 김호경
378 테킬라 이야기 | 최명호
379 어떻게 일본 과학은 노벨상을 탔는가 | 김범성
380 기후변화 이야기 | 이유진
381 상송 | 전금주
382 이슬람 예술 | 전완경
383 페르시아의 종교 | 유흥태
384 삼위일체론 | 유해무
385 이슬람 율법 | 공일주
386 금강경 | 곽철환
387 루이스 칸 | 김낙중·정태용
388 톰 웨이츠 | 신주현
389 위대한 여성 과학자들 | 송성수
390 법원 이야기 | 오호택
391 명예훼손이란 무엇인가 | 안상운
392 사법권의 독립 | 조지형
393 피해자학 강의 | 장규원
394 정보공개란 무엇인가 | 안상운
395 적정기술이란 무엇인가 | 김정태·홍성욱
396 치명적인 금융위기, 왜 유독 대한민국인가 | 오형규
397 지방자치단체, 돈이 새고 있다 | 최인욱
398 스마트 위험사회가 온다 | 민경식
399 한반도 대재난, 대책은 있는가 | 이정직
400 불안사회 대한민국, 복지가 해답인가 | 신광영
401 21세기 대한민국 대외전략 | 김기수
402 보이지 않는 위협, 종북주의 | 류현수
403 우리 헌법 이야기 | 오호택
404 핵심 중국어 간체자(簡体字) | 김현정
405 문화생활과 문화주택 | 김용범
406 미래 주거의 대안 | 김세용·이재준
407 개방과 폐쇄의 딜레마, 북한의 이중적 경제 | 남성욱·정유석
408 연극과 영화를 통해 본 북한 사회 | 민병욱
409 먹기 위한 개방, 살기 위한 핵외교 | 김계동
410 북한 정권 붕괴 가능성과 대비 | 전경주
411 북한을 움직이는 힘, 군부의 패권경쟁 | 이영훈
412 인민의 천국에서 벌어지는 인권유린 | 허만호
413 성공을 이끄는 마케팅 법칙 | 추성엽
414 커피로 알아보는 마케팅 베이직 | 김민주
415 쓰나미의 과학 | 이호준
416 20세기를 빛낸 극작가 20인 | 백승무

417 20세기의 위대한 지휘자 | 김문경
418 20세기의 위대한 피아니스트 | 노태헌
419 뮤지컬의 이해 | 이동섭
420 위대한 도서관 건축 순례 | 최정태
421 아름다운 도서관 오디세이 | 최정태
422 롤링 스톤즈 | 김기범
423 서양 건축과 실내 디자인의 역사 | 천진희
424 서양 가구의 역사 | 공혜원
425 비주얼 머천다이징&디스플레이 디자인 | 강희수
426 호감의 법칙 | 김경호
427 시대의 지성 노암 촘스키 | 임기대
428 역사로 본 중국음식 | 신계숙
429 일본요리의 역사 | 박병학
430 한국의 음식문화 | 도현신
431 프랑스 음식문화 | 민혜련
432 중국차 이야기 | 조은아
433 디저트 이야기 | 안호기
434 치즈 이야기 | 박승용
435 면(麵) 이야기 | 김한송
436 막걸리 이야기 | 정은숙
437 알렉산드리아 비블리오테카 | 남태우
438 개헌 이야기 | 오호택
439 전통 명품의 보고, 규장각 | 신병주
440 에로스의 예술, 발레 | 김도윤
441 소크라테스를 알라 | 장영란
442 소프트웨어가 세상을 지배한다 | 김재호
443 국제난민 이야기 | 김철민
444 셰익스피어 그리고 인간 | 김도윤
445 명상이 경쟁력이다 | 김필수
446 갈매나무의 시인 백석 | 이숭원
447 브랜드를 알면 자동차가 보인다 | 김흥식
448 파이온에서 힉스 입자까지 | 이강영
449 알고 쓰는 화장품 | 구희연
450 희망이 된 인문학 | 김호연
451 한국예술의 큰 별 동랑 유치진 | 백형찬
452 경허와 그 제자들 | 우봉규
453 논어 | 윤홍식
454 장자 | 이기동
455 맹자 | 장현근
456 관자 | 신창호
457 순자 | 윤무학
458 미사일 이야기 | 박준복
459 사주(四柱) 이야기 | 이지형
460 영화로 보는 로큰롤 | 김기범
461 비타민 이야기 | 김정환
462 장군 이순신 | 도현신
463 전쟁의 심리학 | 이윤규
464 미국의 장군들 | 여영무
465 첨단무기의 세계 | 양낙규
466 한국무기의 역사 | 이내주
467 노자 | 임헌규
468 한비자 | 윤찬원
469 묵자 | 박문현
470 나는 누구인가 | 김용신

471 논리적 글쓰기 | 여세주
472 디지털 시대의 글쓰기 | 이강룡
473 NLL을 말하다 | 이상철
474 뇌의 비밀 | 서유헌
475 버트런드 러셀 | 박병철
476 에드문트 후설 | 박인철
477 공간 해석의 지혜, 풍수 | 이지형
478 이야기 동양철학사 | 강성률
479 이야기 서양철학사 | 강성률
480 독일 계몽주의의 유학적 기초 | 전홍석
481 우리말 한자 바로쓰기 | 안광희
482 유머의 기술 | 이상훈
483 관상 | 이태룡
484 가상학 | 이태룡
485 역경 | 이태룡
486 대한민국 대통령들의 한국경제 이야기 1 | 이장규
487 대한민국 대통령들의 한국경제 이야기 2 | 이장규
488 별자리 이야기 | 이형철 외
489 셜록 홈즈 | 김재성
490 역사를 움직인 중국 여성들 | 이양자
491 중국 고전 이야기 | 문승용
492 발효 이야기 | 이미란
493 이승만 평전 | 이주영
494 미군정시대 이야기 | 차상철
495 한국전쟁사 | 이희진
496 정전협정 | 조성훈
497 북한 대남 침투도발사 | 이윤규
498 수상 | 이태룡
499 성명학 | 이태룡
500 결혼 | 남정욱
501 광고로 보는 근대문화사 | 김병희
502 시조의 이해 | 임형선
503 일본인은 왜 속마음을 말하지 않을까 | 임영철
504 내 사랑 아다지오 | 양태조
505 수프림 오페라 | 김도윤
506 바그너의 이해 | 서정원
507 원자력 이야기 | 이정익
508 이스라엘과 창조경제 | 정성호
509 한국 사회 빈부의식은 어떻게 변했는가 | 김용신
510 요하문명과 한반도 | 우실하
511 고조선왕조실록 | 이희진
512 고구려왕조실록 1 | 이희진
513 고구려왕조실록 2 | 이희진
514 백제왕조실록 1 | 이희진
515 백제왕조실록 2 | 이희진
516 신라왕조실록 1 | 이희진
517 신라왕조실록 2 | 이희진
518 신라왕조실록 3 | 이희진
519 가야왕조실록 | 이희진
520 발해왕조실록 | 구난희
521 고려왕조실록 1 (근간)
522 고려왕조실록 2 (근간)
523 조선왕조실록 1 | 이성무
524 조선왕조실록 2 | 이성무

525 조선왕조실록 3 | 이성무
526 조선왕조실록 4 | 이성무
527 조선왕조실록 5 | 이성무
528 조선왕조실록 6 | 편집부
529 정한론 | 이기용
530 청일전쟁 (근간)
531 러일전쟁 (근간)
532 이슬람 전쟁사 | 진원숙
533 소주이야기 | 이지형
534 북한 남침 이후 3일간, 이승만 대통령의 행적 | 남정옥
535 제주 신화 1 | 이석범
536 제주 신화 2 | 이석범
537 제주 전설 1 | 이석범
538 제주 전설 2 | 이석범
539 제주 전설 3 | 이석범
540 제주 전설 4 | 이석범
541 제주 전설 5 | 이석범
542 제주 민담 | 이석범
543 서양의 명장 | 박기련
544 동양의 명장 | 박기련
545 루소, 교육을 말하다 | 고봉만·황성원
546 철학으로 본 앙트러프러너십 | 전인수
547 예술과 앙트러프러너십 | 조명계
548 문화마케팅 (근간)
549 비즈니스상상력 | 전인수
550 개념설계의 시대 | 전인수
551 미국 독립전쟁 | 김형곤
552 미국 남북전쟁 | 김형곤
553 초기불교 이야기 | 곽철환
554 한국가톨릭의 역사 | 서정민
555 시아 이슬람 | 유흥태
556 스토리텔링에서 스토리두잉으로 | 윤주
557 백세시대의 지혜 | 신현동
558 구보 씨가 살아온 한국 사회 | 김병희
559 정부광고로 보는 일상생활사 | 김병희
560 정부광고의 국민계몽 캠페인 | 김병희
561 도시재생 이야기 | 윤주
562 한국의 핵무장 | 김재엽
563 고구려 비문의 비밀 | 정호섭
564 비슷하면서도 다른 한중문화 | 장범성
565 급변하는 현대 중국의 일상 | 장시·리우린, 장범성
566 중국의 한국 유학생들 | 왕링윈·장범성
567 밥딜런 그의 나라에는 누가 사는가 | 오민석
568 언론으로 본 정부정책의 변천 | 김병희
569 전통과 보수의 나라 영국 1-영국 역사 | 한일동
570 전통과 보수의 나라 영국 2-영국 문화 | 한일동
571 전통과 보수의 나라 영국 3-영국 현대 | 김언조
572 제1차 세계대전 | 윤형호
573 제2차 세계대전 | 윤형호
574 라벨로 보는 프랑스 포도주의 이해 | 전경준
575 미셸 푸코, 말과 사물 | 이규현
576 프로이트, 꿈의 해석 | 김석 (근간)
577 왜 5왕 | 홍성화
578 소가씨 4대 | 나행주

579 미나모토노 요리토모 | 남기학
580 도요토미 히데요시 | 이계황
581 요시다 쇼인 | 이희복
582 시부사와 에이이치 | 양의모
583 이토 히로부미 | 방광석
584 메이지 천황 | 박진우
585 하라 다카시 | 김영숙
586 히라쓰카 라이초 | 정애영
587 고노에 후미마로 | 김봉식

도요토미 히데요시 일본 통일을 이루다

펴낸날	초판 1쇄 2019년 8월 30일

지은이	이계황
펴낸이	심만수
펴낸곳	(주)살림출판사
출판등록	1989년 11월 1일 제9-210호

주소	경기도 파주시 광인사길 30
전화	031-955-1350 팩스 031-624-1356
홈페이지	http://www.sallimbooks.com
이메일	book@sallimbooks.com

ISBN	978-89-522-4071-2 04080
	978-89-522-0096-9 04080 (세트)

이 도서의 국립중앙도서관 출판시도서목록(CIP)은 서지정보유통지원시스템 홈페이지
(http://seoji.nl.go.kr)와 국가자료공동목록시스템(http://www.nl.go.kr/kolisnet)에서
이용하실 수 있습니다.(CIP제어번호: CIP2019028965)

책임편집·교정교열	최정원 이상준	지도 일러스트	김태욱
일본전도	이계황		

인물로 보는 일본역사 시리즈 전11권

홍성화 외 10인 지음

2019년 3·1 운동 100주년 기념, 2020년 8·15 광복 75주년을 기념하여 일본사학회가 기획한 시리즈. 가깝지만 멀기만 한 일본과의 관계를 돌아보기 위해 한국사와 밀접한 대표적인 인물 11명의 생애와 사상을 알아본다.

577 왜 5왕(倭 五王)
수수께끼의 5세기 왜국 왕 (인물로 보는 일본역사 1)

홍성화(건국대학교 글로컬캠퍼스 교양대학 역사학 교수) 지음

베일에 싸인 왜 5왕(찬·진·제·흥·무)의 실체를 파헤침으로써 5세기 한일관계의 실상을 재조명한다.

키워드 🔍

#왜국 #왜왕 #송서 #사신 #조공 #5세기 #백제 #중국사서 #천황 #고대

578 소가씨 4대(蘇我氏 四代)
고대 일본의 권력 가문 (인물로 보는 일본역사 2)

나행주(건국대학교 사학과 초빙교수) 지음

일본 고대국가에 커다란 족적을 남긴 백제 도래씨족 소가씨. 그중 4대에 이르는 소가노 이나메(506?~570)·우마코(551?~626)·에미시(?~645)·이루카(?~645)의 생애와 업적을 알아본다.

키워드 🔍

#일본고대 #도래인 #외척 #불교 #불교문화

579 미나모토노 요리토모(源賴朝)
무사정권의 창시자 (인물로 보는 일본역사 3)

남기학(한림대학교 일본학과 교수) 지음

무사정권의 창시자 미나모토노 요리토모(1147~1199)의 파란만장한 생애와 사상의 전모를 밝힌다.

키워드 🔍

#무사정권 #가마쿠라도노 #무위 #무민 #신국사상 #다이라노 기요모리 #고시라카와 #최충헌

580 도요토미 히데요시(豐臣秀吉)

일본 통일을 이루다 (인물로 보는 일본역사 4)

이계황(인하대학교 일본언어문화학과 교수) 지음

동아시아 국제전쟁으로서의 임진왜란과 난세를 극복하고 일본천하를 통일한 도요토미 히데요시(1537~1598)를 통해, 일본을 접근해본다.

키워드 Q

#센고쿠기 #오다 노부나가 #도쿠가와 이에야스 #임진왜란 #강화교섭 #정유재란

581 요시다 쇼인(吉田松陰)

일본 민족주의의 원형 (인물로 보는 일본역사 5)

이희복(강원대학교 일본학과 교수) 지음

일본 우익사상의 창시자 요시다 쇼인(1830~1859). 그가 나고 자란 곳 하기 시(萩市)에서 그의 학문과 사상의 진수를 눈과 발로 확인한다.

키워드 Q

#병학사범 #성리학자 #국체사상가 #양명학자 #세계적 보편성 #우익사상 #성리학

582 시부사와 에이이치(渋沢栄一)

일본 경제의 아버지 (인물로 보는 일본역사 6)

양의모(인천대학교 동북아 통상학과 강사) 지음

경제대국 일본의 기초를 쌓아올린 시부사와 에이이치(1840~1931). '일본 경제의 아버지'라 불리는 그의 삶과 활동을 조명한다.

키워드 Q

#자본주의 #부국강병 #도덕경제론 #논어와 주판 #민간외교 #합본주의

583 이토 히로부미(伊藤博文)

일본의 근대를 이끌다 (인물로 보는 일본역사 7)

방광석(동국대학교 대외교류연구원 연구교수 · 전 일본사학회 회장) 지음

침략의 원흉이자 근대 일본의 기획자 이토 히로부미(1841~1909)의 생애를 실증적·객관적으로 살펴본다.

키워드 Q

#입헌 정치체제 #폐번치현 #대일본제국헌법 #쇼카손주쿠 #천황친정운동 #을사늑약
#한국병합

584 메이지 천황(明治天皇)
일본 제국의 기초를 닦다 (인물로 보는 일본역사 8)

박진우(숙명여자대학교 일본학과 교수) 지음

메이지 천황(1852~1912)의 '실상'과 근대 이후 신격화된 그의 '허상'을 추적한다.

키워드 🔍

#메이지유신 #메이지 천황 #근대천황제 #천황의 군대

585 하라 다카시(原敬)
평민 재상의 빛과 그림자 (인물로 보는 일본역사 9)

김영숙(고려대학교 한국사연구소 연구교수) 지음

일본 정당정치의 상징이자 식민지 통치의 설계자. 평민 재상 하라 다카시(1856~1921)를 파헤친다.

키워드 🔍

#정당정치 #문화정책 #내각총리대신 #평민 재상 #입헌정우회 #정우회

586 히라쓰카 라이초(平塚らいてう)
일본의 여성해방운동가 (인물로 보는 일본역사 10)

정애영(경상대·방송통신대 일본사·동아시아사 강사) 지음

일본의 대표 신여성 히라쓰카 라이초(1886~1971). 그녀를 중심으로 일본의 페미니즘 운동과 동아시아의 신여성을 조명한다.

키워드 🔍

#신여성 #세이토 #신부인협회 #일본의 페미니즘 #동아시아 페미니즘 운동
#동아시아 신여성

587 고노에 후미마로(近衛文麿)
패전으로 귀결된 야망과 좌절 (인물로 보는 일본역사 11)

김봉식(고려대학교 강사) 지음

미·영 중심의 국제질서에 도전하고 독일·이탈리아와 동맹을 강화하여 전쟁의 참화를 불러온 귀족정치가. 고노에 후미마로(1891~1945)의 생애와 한계를 살펴본다.

키워드 🔍

#중일전쟁 #태평양전쟁 #신체제 #일본역사

eBook 표시가 되어있는 도서는 전자책으로 구매가 가능합니다.

016 이슬람 문화 | 이희수
017 살롱문화 | 서정복 eBook
020 문신의 역사 | 조현설 eBook
038 헬레니즘 | 윤진 eBook
056 중국의 고구려사 왜곡 | 최광식 eBook
085 책과 세계 | 강유원
086 유럽왕실의 탄생 | 김현수 eBook
087 박물관의 탄생 | 전진성
088 절대왕정의 탄생 | 임승휘 eBook
100 여행 이야기 | 이진홍 eBook
101 아테네 | 장영란 eBook
102 로마 | 한형곤 eBook
103 이스탄불 | 이희수 eBook
104 예루살렘 | 최창모 eBook
105 상트 페테르부르크 | 방일권 eBook
106 하이델베르크 | 곽병휴 eBook
107 파리 | 김복래 eBook
108 바르샤바 | 최건영 eBook
109 부에노스아이레스 | 고부안 eBook
110 멕시코 시티 | 정혜주 eBook
111 나이로비 | 양철준 eBook
112 고대 올림픽의 세계 | 김복희 eBook
113 종교와 스포츠 | 이창익
115 그리스 문명 | 최혜영
116 그리스와 로마 | 김덕수 eBook
117 알렉산드로스 | 조현미
138 세계지도의 역사와 한반도의발견 | 김상근 eBook
139 신용하 교수의 독도 이야기 | 신용하
140 간도는 누구의 땅인가 | 이성환
143 바로크 | 신정아 eBook
144 페르시아 문화 | 신규섭
150 모던 걸, 여우 목도리를 버려라 | 김주리 eBook
151 누가 하이카라 여성을 데리고 사누 | 김미지 eBook
152 스위트 홈의 기원 | 백지혜 eBook
153 대중적 감수성의 탄생 | 강심호 eBook
154 에로 그로 넌센스 | 소래섭 eBook
155 소리가 만들어낸 근대의 풍경 | 이승원 eBook
156 서울은 어떻게 계획되었는가 | 염복규 eBook
157 부엌의 문화사 | 함한희
171 프랑크푸르트 | 이기식 eBook

172 바그다드 | 이동은 eBook
173 아테네인 스파르타인 | 윤진 eBook
174 정치의 원형을 찾아서 | 최자영 eBook
175 소르본 대학 | 서정복
187 일본의 서양문화 수용사 | 정하미
188 번역과 일본의 근대 | 최경옥
189 전쟁국가 일본 | 이성환 eBook
191 일본 누드 문화사 | 최유경
192 주신구라 | 이준섭
193 일본의 신사 | 박규태
220 십자군, 성전과 약탈의 역사 | 진원숙
239 프라하 | 김규진 eBook
240 부다페스트 | 김성진 eBook
241 보스턴 | 황선희
242 돈황 | 전인초 eBook
249 서양 무기의 역사 | 이내주
250 백화점의 문화사 | 김인호
251 초콜릿 이야기 | 정한진
252 향신료 이야기 | 정한진
259 와인의 문화사 | 고형욱
269 이라크의 역사 | 공일주
283 초기 기독교 이야기 | 진원숙
285 비잔틴제국 | 진원숙 eBook
286 오스만제국 | 진원숙 eBook
291 프랑스 혁명 | 서정복 eBook
292 메이지유신 | 장인성 eBook
293 문화대혁명 | 백승욱 eBook
294 기생 이야기 | 신현규 eBook
295 에베레스트 | 김법모 eBook
296 빈 | 인성기 eBook
297 발트3국 | 서진석 eBook
298 아일랜드 | 한일동
308 홍차 이야기 | 정은희 eBook
317 대학의 역사 | 이광주
318 이슬람의 탄생 | 진원숙
335 고대 페르시아의 역사 | 유흥태
336 이란의 역사 | 유흥태
337 에스파냐 | 유흥태
342 다방과 카페, 모던보이의 아지트 | 장유정
343 역사 속의 채식인 | 이광조

371 대공황 시대 | 양동휴
420 위대한 도서관 건축순례 | 최정태 eBook
421 아름다운 도서관 오디세이 | 최정태 eBook
423 서양 건축과 실내 디자인의 역사 | 천진희 eBook
424 서양 가구의 역사 | 공혜원 eBook
437 알렉산드리아 비블리오테카 | 남태우 eBook
439 전통 명품의 보고, 규장각 | 신병주 eBook
443 국제난민 이야기 | 김철민 eBook
462 장군 이순신 | 도현신 eBook
463 전쟁의 심리학 | 이윤규
466 한국무기의 역사 | 이내주 eBook
486 대한민국 대통령들의 한국경제 이야기1 | 이장규 eBook
487 대한민국 대통령들의 한국경제 이야기2 | 이장규 eBook
490 역사를 움직인 중국 여성들 | 이양자 eBook
493 이승만 평전 | 이주영 eBook
494 미군정시대 이야기 | 차상철 eBook
495 한국전쟁사 | 이희진 eBook
496 정전협정 | 조성훈 eBook
497 북한 대남침투도발사 | 이윤규 eBook
510 요하 문명과 한반도 | 우실하 eBook
511 고조선왕조실록 | 이희진 eBook
512 고구려왕조실록 1 | 이희진 eBook
513 고구려왕조실록 2 | 이희진 eBook
514 백제왕조실록 1 | 이희진 eBook
515 백제왕조실록 2 | 이희진 eBook
516 신라왕조실록 1 | 이희진
517 신라왕조실록 2 | 이희진
518 신라왕조실록 3 | 이희진
519 가야왕조실록 | 이희진 eBook
520 발해왕조실록 | 구난희 eBook
521 고려왕조실록 1(근간)
522 고려왕조실록 2(근간)
523 조선왕조실록 1 | 이성무 eBook
524 조선왕조실록 2 | 이성무 eBook
525 조선왕조실록 3 | 이성무 eBook
526 조선왕조실록 4 | 이성무 eBook
527 조선왕조실록 5 | 이성무 eBook
528 조선왕조실록 6 | 편집부 eBook

(주)살림출판사
www.sallimbooks.com
주소 경기도 파주시 문발동 522-1 | 전화 031-955-1350 | 팩스 031-955-1355